MACAU

마카오

CHALET Travel Book

CONTENTS

여행 정보 업데이트

샬레트래블 무크 마카오 정보는 2019년 9월까지 수집한 정보와 자료로 만들었습니다. 단, 책에 소개되어 있는 관광지와 숍, 레스토랑의 오픈시간 및 요금, 교통편과 관련된 내용은 현지 사정에 따라 변경될 수 있습니다. 샬레트래블북은 6개월 또는 1년 마다 가장 최신 정보가 업데이트 된 개정판을 발행합니다.

Getting Started Macau

Macau Peninsula 마카오 반도

이 책을 보는 방법

본문 정보

📍 찾아가기
🏠 주소
☎ 전화번호
🕐 오픈 시간
MOP 요금(입장료, 숙박 요금)
@ 홈페이지

지도

🖼 관광명소
🍴 레스토랑
☕ 카페
🥐 베이커리
🍸 바
🛍 숍, 백화점

🅷 호텔
🚢 페리 터미널
✈ 공항

Macau Peninsula

마카오 반도

까모에스
공원

김대건 신부의 동상이 세워진 공원

성 바울 성당 유적 화재로 전면부만 남은 성당

세나도 광장

마카오의 상징이자 시민들의 만남의 광장

그랜드 리스보아 마카오

황금색으로 칠해진 연꽃 모양의 호텔

성 로렌스 성당

1569년에 지어진 신고전주의 양식의 성당

아마 사원

마카오라는 도시명의 유래가 된 사원

마카오 타워

338m 마카오 최고 높이의 전망대

Taipa & Cotai Strip
타이파 & 코타이 스트립

타이파 빌리지
빈티지한 풍경의 호젓한 산책로

원 팰리스
분수 쇼 등 무료 어트랙션으로 유명한 호텔

베네시안 마카오
이탈리아 베니스 콘셉트의 호텔이자 쇼핑몰

파리지앵 마카오
파리 에펠탑 ½ 사이즈의 에펠탑이 세워진 호텔

학사 비치
부호들의 별장이 세워진
검은 모래 해변

로드 스토우즈 베이커리
원조 마카오 스타일의 에그타르트 가게

성 프란시스코 하비에르
노란색 외관과 녹색 창문이 인상적인 성당

Coloane
콜로안

GETTING STARTED
MACAU

TRAVEL KEYWORDS

키워드로 알아보는 마카오의 매력

홍콩이나 대만에 비해 아직은 알려진 바가 적고, 경험해본 여행자도 많지 않아 호기심과 모험심을 자극하는 곳,
마카오. 이 낯선 곳에서 우리는 어떤 풍경을 마주하게 될까? 출발 전 키워드를 통해 이 도시의 대표 얼굴을 미리 만나보자.

#HOTEL 호텔 놀이

호텔에서만 놀아도
하루가 부족해

호텔과 카지노가 건설되면서 이름을 알린 도시답게,
마카오에서 호텔은 단순히 잠을 자는 공간이 아니다.
베니스 운하에서 곤돌라를 타고, 에펠탑 꼭대기에서
전망을 바라보며, 배트맨의 고담시에서 밤하늘을 날
아다닌다. 이 짜릿한 체험들이 모두 호텔 안에서 이루
어지니 이 정도라면 도시 전체가 거대한 테마파크라
해도 과언이 아니다. 더불어 숙박료까지 합리적이다.
도심 속 호캉스를 원하는 여행자들에게 마카오를 대
신할 도시는 당분간 찾기가 쉽지 않을 것 같다.

#CHURCH & TEMPLE 성당과 사원

포르투갈과 중국의 공존

마카오 반도에서는 일부러 찾아다니지 않아도 수백
년의 세월을 간직한 성당들이 쉽게 눈에 띈다. 그리고
주요 성당 옆에는 여지없이 바다의 신을 모시는 중국
의 전통 신앙 도교 사원이 들어가 있다. 대항해시대 낯
선 곳에서 새로운 삶의 터전을 건설했던 포르투갈 사
람들의 마카오 통치 방식은 '존중'이었다. 서로 어울릴
것 같지 않은 두 문화의 동거는 나름의 질서와 조화를
이루며 이렇게나 완벽하게 발전해왔다. 공존은 곧 마
카오의 정체성이다.

#MACANESE 매캐니즈

퓨전이 곧 전통

대항해시대 포르투갈에서 출발해 아프리카와 인도를 지나 마카오에 도착한 배 안에는 기항지에서 사들인 각종 식재료와 함께 새로운 맛에 대한 호기심이 가득했다. 포르투갈 고유의 레시피에 온갖 재료가 섞여 탄생한 기묘한 맛의 세계는 곧 마카오의 전통 요리 '매캐니즈'로 자리 잡는다. 낯선 듯 어딘가 모르게 익숙한 맛은 다양한 민족의 입맛이 적절히 배합된 데에서 기인한 것, 마카오에 왔다면 열 일 제치고 매캐니즈부터 맛보길 추천한다.

#ALLEY & PLAZA 골목과 광장

지도 없이 길을 나선다

도시 개발이 코타이 스트립에만 집중된 탓에 지금도 마카오 반도와 타이파에는 식민 시절의 골목과 광장이 100여 년 전 모습 그대로 남아 있다. 시간을 역행하는 듯 이들의 더딘 발전은 지금에 와서는 빈티지와 레트로라는 새로운 이름을 얻어 오히려 이 도시만의 매력으로 평가받고 있다. 여행자라면 잠시나마 시간을 내서 지도 없이 길을 나서보자. 목적지 없이 무작정 걷다 마주치는 오래된 골목과 광장에서 보석 같은 여행의 재미를 발견하게 될 것이다.

#FINE DINING 파인 다이닝

맛으로 기억되는 도시

얼마나 유명한 셰프가, 얼마나 화려한 플레이팅으로, 얼마나 맛있는 요리를 선보이는가 하는 것은 오늘날 한 도시를 평가하는 아주 중요한 기준이다. 지금 마카오는 각 호텔마다 살아남기 위해 경쟁하듯 파인 다이닝 유치에 열을 올리고 있는 상황, 도시 규모에 비해 미슐랭 가이드 스타 레스토랑이 유난히 많다는 사실이 이를 반증한다. 광동 요리를 시작으로 프랑스와 이탈리아를 넘어 태국과 싱가포르까지 온갖 맛의 세계를 경험할 수 있는 도시, 바로 마카오다.

#FREE SHUTTLE BUS 무료 셔틀버스

교통비 걱정 없는 여행

도시 여행자들이 여행 준비에 앞서 가장 먼저 챙기는 것, 바로 교통 패스다. 하지만 마카오에서는 패스 금액을 따질 필요가 없으니 바로 무료로 탑승하는 호텔 셔틀버스가 있기 때문이다. 공항과 페리 터미널에서 마카오 반도와 코타이 스트립의 주요 지점까지 호텔 셔틀버스만 잘 활용하면 어디든 이동할 수 있다. 해당 호텔의 투숙객이 아니어도 누구나 탑승할 수 있으니 마카오에서는 시내버스보다 호텔 셔틀버스 노선을 먼저 파악해야 한다.

HOTEL ENTERTAINMENT
마카오 호텔 어트랙션

아시아의 라스베이거스라 불리는 마카오는 진짜 라스베이거스처럼 수준급의 어트랙션을 갖춘 호텔들이 많다. 로비 한가운데서 펼쳐지는 조형물 쇼는 대부분 무료라는 점에서 매력적이며, 초대형 워터 쇼 '하우스 오브 댄싱워터'는 수년째 매진 사례를 기록하는 등 식을 줄 모르는 인기를 보여준다. 마카오에서 호텔은 잠만 자는 곳이 아닌 또 하나의 놀이 공간이다.

시티 오브 드림즈 新濠天地 City of Dreams

시티 오브 드림즈는 코타이 스트립에 가장 먼저 생긴 대형 호텔 단지이자, 일찍이 태양의 서커스 자이아<Zaia> 등을 선보이며 공연 문화에도 앞장서온곳이다. '하우스 오브 댄싱 워터'야말로 마카오에서 경험해봐야 할 단 하나의 공연이라는 찬사를 받으며 호텔의 위상에 기여하고 있다.

📍 베네시안 마카오 정문 길 건너편 도보 약 2분

하우스 오브 댄싱워터 新濠天地水舞間 House of Dancing Water

세계 최대 규모의 수중 퍼포먼스로 원형 무대가 밑으로 내려가면 빈 공간에 1억 4000만 여 톤의 물이 쏟아진다. 그 위로 거대한 배가 솟아오르고 무희들이 돛에서 뛰어내리면서 상상 이상의 퍼포먼스가 진행된다. 본 공연은 5년의 준비 기간과 2억 5000만 달러의 예산이 투입된 기념비적인 작품으로 연일 매진 사례를 기록 중이다.

📍 시티 오브 드림즈 내 하우스 오브 댄싱 워터 공연장
🕐 목~월요일 하루 2회 17:00, 20:00, 비정기 휴관 / 약 2시간
☎ +853 8868 6767
MOP VIP석 MOP 1498, A석 MOP 998, B석 MOP 798, C석 MOP 598
@ www.thehouseofdancingwater.com

MGM 마카오 美高梅 MGM Macau

라스베이거스의 카지노 재벌 코크 커코리언Kirk Kerkorian이 세운 럭셔리 호텔 체인으로 파도가 치는 듯한 곡선미를 내세운 건물이 인상적이다. 살바도르 달리, 데일 치홀리 등 유명 아티스트의 작품이 호텔 곳곳에 걸려 갤러리에 들어온 듯하다.

📍 윈 마카오에서 도보 약 3분

그란데 프라사 天幕廣場 Grande Praça

MGM 마카오 호텔 안에 들어선 실내 광장으로 리스본의 중앙역을 재현했다. 유리 공예품인 거대한 꽃과 나비가 천장에 걸려 있고 공룡을 닮은 인형이 로비 한가운데 서 있다. 시즌마다 테마를 달리해 전시품이 바뀌지만 초현실적인 기본 콘셉트는 바뀌지 않는다.

📍 MGM 마카오 호텔 실내 광장
🕐 24시간 개방
☎ +853 8802 8888

MOP 무료
@ www.mgm.mo/en/macau/about-us/grand-praca

스튜디오 시티

澳門新濠影滙 Studio City

배트맨의 고담시를 콘셉트로 꾸민 특급 호텔로 객실보다 호텔 안에 들어선 각종 어트랙션이 더 유명하다. 단순히 눈으로 보는 전시관 수준이 아니라 직접 만져보고 탑승하는 체험 위주의 어트랙션이 많아 성인을 위한 놀이터로 손색이 없다.

📍 파리지앵 마카오 호텔에서 도보 약 7분

배트맨 다크 플라이트

蝙蝠俠夜神飛馳 Batman Dark Flight

첨단 비행 시뮬레이션을 통해 배트맨의 활약을 4D 영상으로 즐기는 방식이다. 배트맨이 망토를 펼치고 높은 건물에서 뛰어내려 악당을 소탕하는 과정을 일반 영화보다 생생하게 경험할 수 있다. DC 코믹스 팬이라면 놓치지 말아야 할 어트랙션이다.

📍 스튜디오 시티 호텔 2층
🕐 월~금요일 12:00-20:00, 토~일요일 11:00-21:00
☎ +853 8868 6767
MOP MOP 100(18세 이상만 이용 가능)
@ www.studiocity-macau.com/en/entertainment/batman-dark-flight

WB 펀 존

華納滿分童樂園 WB Fun Zone

벅스바니, 실베스터 등 워너 브라더스사의 캐릭터로 꾸며진 2975여 m² 규모의 어린이 실내 놀이터다. 자이로 드롭 같은 짜릿한 어트랙션이 8세 이하 어린이가 이용할 수 있을 정도의 작은 규모로 갖춰져 어린이들만의 테마파크라고 해도 과언이 아니다. 성인이라면 DC 코믹스 굿즈를 판매하는 기념품 가게를 추천한다.

📍 스튜디오 시티 호텔 3층
🕐 10:30-19:00
☎ +853 8868 6767
MOP MOP 100
@ www.studiocity-macau.com/en/entertainment/warner-bros-fun-zone

윈 마카오 永利澳門 Wynn Macau

마카오의 호텔 중 무료 로비 공연을 가장 먼저 시작한 곳으로 10년이 넘도록 변화 없이 똑같은 공연이 반복되고 있음에도 여전히 수많은 사람들이 윈 마카오의 공연을 보기 위해 호텔을 찾는다. 지금 보면 살짝 촌스러운 감도 있지만 규모 면에서 놀라움을 자아내기에 충분하다.

📍 세나도 광장에서 33번 버스 이용 약 14분 소요

행운의 용 富貴龍 Dragon of Fortune

원형 천장이 스르르 열리면 LED 조명이 만들어낸 횃불이 활활 타오르기 시작한다. 바닥에서는 하얀 연기와 함께 금으로 장식된 3.7m의 거대한 용이 올라와 포효한다. '행운의 용'은 중국인들에게 특별한 존재인 용을 실물처럼 보여주는 공연으로 엄청난 용의 규모에 놀라게 된다. 호텔 로비를 찾기가 쉽지 않아 직원에게 물어보는 편이 좋다.

📍 윈 마카오 호텔 로비
🕐 10:00~24:00 매시 정각에 시작 / 약 5분
☎ +853 2888 9966
MOP 무료
@ www.wynnmacau.com/en/shows/
dragon-of-fortune

번영의 나무 吉祥樹 Tree of Prosperity

'행운의 용'과 같은 무대에서 번갈아 가며 열리는 공연이다. 천장에서 2만 1000여 개의 크리스털로 만들어진 샹들리에가 내려오고 9만 8000개의 잎으로 장식된 11m 높이의 나무가 땅에서 솟아오른다. 화려한 조명을 받아 반짝이는 나무 아래로 여행객들은 동전을 던지며 행운을 기원한다.

📍 윈 마카오 호텔 로비
🕐 10:30~24:00 매시 30분에 시작 / 약 5분
☎ +853 2888 9966
MOP 무료
@ www.wynnmacau.com/en/shows/tree-
of-prosperity

분수 쇼 表演湖 Performance Lake

윈 마카오 앞의 호수에서 펼쳐지는 초대형 분수 쇼로 최근 오픈한 팰리스의 분수 쇼보다 소박한 규모다. 300여 개의 노즐에서 뿜어져 나오는 물줄기가 음악에 맞춰 춤을 추듯 움직이는데 밤이 되면 1500개의 LED 조명을 받아 더욱 화려한 볼거리를 선사한다.

📍 윈 마카오 앞 호수
🕐 일~금요일 11:00-21:45, 토요일, 공휴일
11:00-22:45 / 15분 간격, 약 5분
☎ +853 2888 9966
@ www.wynnmacau.com/en/shows/
performance-lake

윈 팰리스 永利皇宮 Wynn Palace

가장 최근에 지어진 호텔답게 어트랙션 또한 규모로
압도하는 곳, 수백 억의 자금이 투입되었음에도 모든
어트랙션을 무료로 개방해 여행객들의 찬사를 받고
있다. 어트랙션을 이용하지 않고 호텔 내부에 마련된
유명 아티스트들의 전시물을 보는 것 만으로도 방문
가치가 충분한 호텔이다.

📍 시티 오브 드림즈에서 도보 약 15분

플로랄 크리에이션 創意花藝佈置 Floral Creation

형형색색의 꽃들이 로비를 가득 채우고 꽃으로 만든 열기구가 공중에 떠 있다. 동화
속 세상 같은 플로랄 크리에이션은 미국의 플라워 아티스트 프리스턴 베일리Preston
Bailey의 작품. 이 엄청난 꽃 장식을 위해 수십만 송이의 생화가 사용되었다.

📍 윈 팰리스 호텔 로비
🕐 24시간 개방
☎ +853 8889 8889
MOP 무료
@ www.wynnpalace.com/kr/entertainment/floral-creations

스카이 캡 觀光纜車 Sky Cab

윈 팰리스 건물 앞 호수를 크게 한 바퀴 도는 케이블카다. 최고 높이 28m에 오르면
코타이 스트립 전경과 함께 호텔 분수가 눈에 들어온다. 최대 6명이 한 캐빈에 탑
승할 수 있으며 에어컨 시스템이 잘 갖춰져 있다. 오픈 초창기에는 MOP100의 이용
료를 받았으나 현재는 무료다.

📍 윈 팰리스 호텔 호수 앞
🕐 10:00-24:00 / 약 10분
☎ +853 8889 8880   MOP 무료
@ www.wynnpalace.com/en/entertainment/skycab-cable-car

갤럭시 마카오 澳門銀河 Galaxy Macau

마카오의 대형 호텔 단지 중에서 가장 규모가 큰 단지로 리츠 칼튼, 반얀트리, 오쿠라, JW 메리어트 등 유명 호텔 체인들이 들어섰다. 마카오 유일의 워터파크 그랜드 리조트 데크와 더불어 MGM 마카오의 '행운의 용'과 비슷한 '다이아몬드 쇼' 공연이 유명하다.

📍 베네시안 마카오에서 도보 약 10분

그랜드 리조트 데크 天浪淘園 Grand Resort Deck

인공 파도 풀을 갖춘 마카오 유일의 워터파크로 갤럭시 호텔 투숙객은 무료로 이용할 수 있다. 인공 백사장이 150m에 이르러 진짜 해변에 온 듯한 느낌을 자아낸다. 세계 최장길이의 워터 슬로프 스카이탑 어드벤처 레이피드Skytop Adventure Rapid 덕에 짜릿함도 배가된다.

📍 갤럭시 마카오 내 수영장
🕐 09:00-18:30
☎ +853 2888 0888
MOP 성인 1명+6세 이하 어린이 MOP 568 / 투숙객 무료
@ www.galaxymacau.com/en/grand-resort-deck

갤럭시 마카오 다이아몬드 쇼 運財銀鑽 Galaxy Macau Diamond Show

호텔 로비 한가운데 원형 무대 위로 하얀 연기가 솟아오르고 천장의 조명이 불을 밝히며 웅장한 사운드가 들려온다. 그리고 무대 위로 거대한 다이아몬드가 올라와 조명을 반사하며 춤을 추듯 움직인다. 실내에 거대한 폭포가 들어선 듯 시원시원한 느낌이다.

📍 갤럭시 마카오 다이아몬드 로비
🕐 10:00-24:00 / 20분 간격 약 5분
☎ +853 2888 0888
MOP 무료
@ www.galaxymacau.com/en/entertainment/galaxy-macau-diamond-show

WALKING MACAU

마카오의 걷고 싶은 길

어느 도시든 깊이 들여다볼수록 의외의 매력을 발견하게 된다. 마카오도 예외는 아니어서 화려한 카지노 불빛을 뒤로하고 안쪽으로 조금만 깊숙이 들어가보면 그곳에 평범한 사람들이 살아가는 일상의 골목이 보인다. 세월의 때가 켜켜이 쌓인 담장 사이를 걷는 것만으로도 옛날을 잠시 경험해보는 듯한 묘한 감동을 만날 수 있다.

펠리시다데 거리

福隆新街 Rua da Felicidade

식민 시절 홍등가였던 거리로 지금은 모두 자취를 감추었지만 여전히 골목 곳곳 붉은색으로 칠해진 간판과 문짝이 보인다. 오랜 세월 방치되어오던 골목이 세간의 주목을 받기 시작한 건 잡지나 영화 등에 등장하면서부터다. 왕가위의 '에로스'와 '2046'에서, 그리고 한국영화 '도둑들'의 포스터 속에 이 감각적인 거리를 만날 수 있다. 최근 들어서는 출사 여행을 위해 마카오를 찾는 여행객들이 반드시 들르는 곳으로 알려지면서 마카오의 주요 관광지로 대접받고 있다.

📍 세나도 광장에서 도보 약 5분

코헤이야 다 시우바 거리

告利雅施利華街 Rua Correia da Silva

쿤하 거리와 타이파 빌리지가 만나는 지점에서 좌우로 길게 뻗은 길이다. 타이파 빌리지로 향하는 계단을 등지고 왼쪽 길로 갈수록 유명 포르투갈 레스토랑과 소품점이 보인다. 그리고 반대쪽 길로 갈수록 커다란 나무가 그늘을 만든 쉼터나 빨래를 널어놓은 낡은 주택 등 현지인들의 일상 공간이 펼쳐진다. 나뭇잎 사이로 옅은 햇살이 스며들고 새소리가 들리는 평화로운 동네 산책을 누릴 수 있다.

📍 쿤하 바자에서 도보 약 3분

싱코 드 오투부르 거리

十月初五馬路 Avenida de Cinco de Outubro

콜로안 빌리지에서 바다와 주택가 사이에 난 작은 길이다. 포르투갈 전통의 칼사다 무늬 타일이 바닥에 깔려 있고 해안가 옆으로 가로수가 길게 도열해 멋스러운 풍경이 펼쳐진다. 500m가 채 되지 않는 짧은 길이지만 중간중간 놓인 벤치에 앉아 바다를 바라보며 쉬어 가길 권한다. 어딜 가나 사람들로 넘쳐나는 마카오에서 이런 여유를 만끽하기란 생각보다 쉬운 일이 아니기 때문이다. 본격적인 산책 전 로드 스토우즈 베이커리에 들러 에그타르트를 맛보는 것 역시 반드시 챙겨야 할 일이다.

📍 콜로안 빌리지 버스 정류장에서 로드 스토우즈 베이커리를 지나 바로 시작

성 라자루 성당구

望德聖母堂区 Igreja de S. Lázaro Perto

성 라자루 성당 앞 거리는 포르투갈풍의 칼사다 타일이 쭉 깔려 있고 파스텔 톤의 건물이 곳곳에 들어서 세나도 광장 인근보다 더 진한 포르투갈의 감성이 묻어나는 곳이다. 갤러리와 전시장이 많아 마카오의 젊은이들이 즐겨 찾는 거리이며 데이트를 즐기는 연인들도 종종 눈에 띈다. 다른 산책로에 비해 골목이 많고 규모도 커서 그만큼 구경거리도 많다. 소품점 마르세아리아 포르투게자에 들러 포르투갈 산 식료품을 구경하는 것도 이 거리에서 빼놓을 수 없는 재미 중 하나다.

📍 성 바울 성당 유적에서 도보 약 8분

TASTE OF STREET

자유 여행의 '불량한' 재미, 주전부리

주전부리의 불량한 매력을 빼고 자유 여행의 재미를 논할 순 없는 법. 때로는 분위기 좋은 레스토랑보다 길거리 간식이 도시의 맛을 정의하기도 한다.
낯선 모습에 좀처럼 손이 가지 않을 때도 있지만 용기를 내 도전해보자. 저렴한 금액은 물론 중독성 강한 맛에 끌려 어느새 다시 찾게 될지 모른다.

✦ 정찬보다 푸짐한 마카오의 길거리 간식 ✦

어묵 꼬치 串

육포 豬肉乾

주빠바오 豬扒包

어묵을 기본으로 각종 채소와 게살, 소시지 등을 첨가해 고추기름이나 카레 소스에 담가 먹는 방식이다. 매콤한 소스를 넣은 만큼 우리나라 어묵보다 칼칼한 맛이 강하다.

마카오를 필두로 홍콩, 싱가포르에 가면 한 번은 맛본다는 육포! 마카오에는 육포 전문점이 따로 있을 만큼 맛과 모양이 다른 다양한 육포의 세계를 만날 수 있다. 맥주 안주로 안성맞춤이다.

두툼한 바게트를 반으로 가른 후 그 사이에 숯불에 익힌 돼지고기 한 덩이를 넣어준다. 채소나 소스 등이 없어 뻑뻑할 것 같지만 불 맛 나는 고기와 빵의 조화만으로도 충분히 맛이 좋다.

쩐주나이차 珍珠奶茶

에그와플 雞蛋仔

후추빵 胡椒餅

창펀 腸粉

우리나라에서도 쉽게 접할 수 있는 대만식 버블티다. 하지만 타피오카 알갱이에 포커스를 맞춘 일반 버블티와 달리 차와 우유의 함량이 높아 차 본연의 맛이 더 진하게 느껴진다.

벌집 모양의 틀에 달걀 반죽을 넣고 구워낸 것으로 마카오와 홍콩에서 가장 흔한 길거리 간식이다. 생크림이나 초콜릿 등의 토핑을 얹은 것, 녹차 가루를 넣고 반죽한 것 등 다양한 변주가 있다.

밀가루 반죽 안에 후추로 양념한 고기와 채소 소를 넣고 구워낸 빵이다. 바삭한 빵을 한 입 베어 물면 촉촉한 속살이 터져 나와 만두와도 비슷한 느낌이다. 오븐이 아닌 화덕에 구워 더 맛있다.

쌀가루 반죽을 얇게 편 후 돌돌 말아 먹는 방식이다. 달걀이나 돼지고기 등 특별 재료를 넣은 종류도 있지만 가장 기본인 일반 창펀도 충분히 맛이 좋다. 쌀떡 특유의 쫄깃한 식감이 일품이다

마카오 군것질 골목 양대 산맥
육포 거리 & 어묵 거리

먹거리가 발달한 도시답게 마카오에는 특화된 군것질거리를 내세운 골목도 있다. 자유 여행을 즐길 줄 아는 사람이라면 밥보다 먼저 찾게 되는 군것질거리! 애써 찾을 필요 없이 세나도 광장 주변을 기웃거리다 코를 자극하는 음식 냄새가 솔솔 난다면 그대로 따라가기만 하면 된다.

육포 거리 大三巴街店 Rua de S. Paulo

성 바울 성당 유적에서 세나도 광장으로 향하는 길목 초입, 육포 상점과 아몬드 쿠키 상점 직원들이 경쟁이라도 하듯 손님을 끌어가기 위해 목청 높여 소리를 내는 진풍경이 펼쳐진다. 상파울루 거리라는 정식 명칭보다 육포 거리로 알려진 이곳을 지나다 보면 여기저기서 시식용 육포와 쿠키를 나눠주기 때문에 구입을 원한다면 먹어보고 선택하면 된다.

📍 성 바울 성당 유적을 등지고 세나도 광장 방향으로 도보 약 1분

어묵 거리 板樟堂街 Rua de S. Domingos

육포 거리에서 300m가량 떨어진 곳, 다시 한 번 먹거리 골목이 등장한다. 역시 '성 도밍고스 거리'라는 정식 명칭이 있지만 어묵 거리라는 별칭으로 더 유명하다. 5~6개의 어묵 집이 쭉 들어섰는데 좌판에 널린 수십 가지의 어묵 종류 중 손님이 직접 원하는 것을 선택 해 건네면 주인장이 이를 받아 국물과 소스를 부어주는 방식이다. 서서 먹는 매콤한 어묵 맛이 그야말로 꿀맛이다.

📍 육포 거리에서 성 도밍고스 성당 방향으로 도보 약 5분

홍헝 코코넛
洪馨椰子 Cocos Hung Heng | 아이스크림 |

1869년에 오픈해 4대에 걸쳐 코코넛 아이스크림을 만들어온 집이다. 마카오에는 코코넛이 나지 않기 때문에 아이스크림을 만들기 위해 말레이시아에서 직접 코코넛을 수입해 오는 수고로움을 감수하고 있다. 그 어떤 첨가물도 넣지 않고 오직 코코넛 즙만 이용해 만들어내는 아이스크림의 맛은 설명이 필요 없을 정도다. 설탕이 들어가지 않은 코코넛 본연의 달콤함을 경험할 수 있다.

🏠 14 R. da Tercena, Macao
🕐 09:00-13:00, 14:30-19:00
☎ +853 2892 0944
MOP 코코넛 아이스크림 MOP 25

깜와이
錦華牛雜 Kam Wai Beef Offal | 소 내장 조림 |

어묵 거리의 어묵 집들은 대부분 어묵 외 소 내장 조림도 함께 판매한다. 깜와이는 어묵보다 소 내장 조림에 조금 더 무게를 둔 곳으로 부위조차 알 수 없는 각종 내장들이 진한 카레 국물에 담겨 펄펄 끓고 있는 모습을 보면 쉽게 손이 가지 않는다. 하지만 과감하게 선택을 했다면 쫄깃한 식감과 씹을수록 배어나오는 내장의 진한 맛을 음미해보자. 생각보다 나쁘지만은 않다.

🏠 6 Tv. da Se, Macau
🕐 10:00-22:00
☎ +853 6638 3517
MOP 소 내장 조림 MOP 30~

항우
恆友 Hang Yau | 어묵꼬치 |

어묵 골목에서 가장 유명한 집이다. 고만고만한 어묵 가게들이 모인 곳에서 특별히 유명할 게 뭐가 있을까 싶지만 이 골목에서 가장 먼저 장사를 시작한 곳으로서 마카오의 어묵 유행을 선도했다 해도 과언이 아니다. 우리에게 익숙한 어묵도 많지만 살짝 특별한 맛을 원한다면 치즈가 송송 박힌 것이나 게살을 뭉쳐 만든 것 등 색다른 종류를 선택해보자. 곱창이나 취두부가 아니라면 어떤 것이든 무난히 먹기 좋다.

🏠 12 Tv. da Se, Macau
🕐 10:00-24:00
☎ +853 3665 8211
MOP 어묵 개당 MOP 5~15

룬키 창펀 倫記軟滑腸粉
Lun Kee Cheung Fun Rice Roll | 창펀 |

마카오에서 창펀이 맛있기로 소문난 집이다. 허름한 외관에 온통 한자만 적힌 간판 덕에 찾기가 수월하지 않지만 물어물어 이곳에 찾아왔다면 품격이 남다른 창펀을 맛볼 수 있다. 쫄깃한 식감의 기본 쌀 반죽 창펀도 충분히 훌륭하지만 달걀옷을 입혀 특유의 부드러움이 가미된 메뉴를 추천한다. 10여 가지가 넘는 창펀 메뉴가 있으니 서너 개를 시켜놓고 하나씩 맛보는 것도 좋은 생각이다.

🏠 26 R. da Ribeira do Patane, Macau
🕐 수~월요일 07:00-24:30 / 화요일 휴무
☎ +853 2895 6563
MOP 창펀 MOP 23~

철병호 鐵餅號 | 에그와플 |

에그와플은 시내 어디서든 쉽게 맛볼 수 있고 또 대부분 평타 이상의 맛을 보장하는 간식이다. 하지만 이런 에그와플조차 조금 더 맛있는 곳을 찾고 싶다면 추천할 만한 곳이 바로 철병호다. 쾌적한 분위기의 로컬 분식집으로 달걀 반죽의 기본 에그와플부터 초콜릿, 오레오, 치즈, 햄, 말차 등 각종 토핑이 들어간 16가지의 에그와플을 맛볼 수 있다. 테이크 아웃으로 주문해 길을 걸으며 하나씩 알갱이를 떼어 먹는 맛이 그만이다.

🏠 5 Rua da Tercena, Avenida de Almeida Ribeiro
🕐 화~일요일 12:00-20:00 / 월요일 휴무
☎ +853 6284 4911
MOP 에그와플 MOP 15~

코이 더 Koi Thé | 쩐주나이차 |

대만에서 시작해 마카오, 싱가포르, 말레이시아 등 아시아 전역에 매장을 둔 쩐주나이차 전문 브랜드다. 마카오에서는 공차만큼이나 인기가 좋은데, 다만 공차보다 조금 더 밀크티의 농도가 진하다. 골든 버블 밀크티가 시그니처 메뉴이지만 어떤 종류를 주문하든 평타 이상의 맛을 보장한다. 샌즈 코타이 센트럴 외 마카오 반도와 타이파에도 테이크 아웃 지점이 있다. 다른 버블티 브랜드에 비해 금액이 저렴하다는 것도 코이 더의 성공 요인 중 하나다.

🏠 GF, Sands Cotai Central, Cotai
🕐 수~월요일 10:00-23:00, 화요일 10:30-23:00
☎ +853 2832 2740
MOP 쩐주나이차 MOP 44~

19

BREAKFAST

아침이 기다려지는 마카오

호텔 조식을 이용하지 않는 여행자라면 이른 아침부터 맛집 투어를 시작해야 한다. 간단하면서도 든든해야 하고, 거기에 맛까지 챙겨야 하니 여행에서 가장 까다로운 작업이 아침 식사 선택일지 모른다. 조식에 특화된 메뉴를 갖춘, 아침이 기다려지는 레스토랑을 소개한다.

표기 彪記 Piu Kei | 죽

마카오 사람들이 아침 식사로 가장 많이 먹는 메뉴, 바로 죽이다. 쌀을 기본으로 해 든든하며 고기나 해물 등 토핑이 넉넉히 들어가 영양까지 챙길 수 있기 때문이다. '밥블레스유'에 소개된 이후 한국인 여행객들의 방문이 부쩍 늘어난 표기는 원래는 차찬텡을 전문으로 하는 곳이지만 언제부턴가 죽이 맛있기로 소문이 나면서 이제는 손님의 대부분이 뽀로바오나 국수보다 죽을 찾는다. 새벽 4시까지 영업을 하기 때문에 꼭 아침 식사 시간이 아니더라도 언제든 방문 할 수 있다.

🏠 209-291 R. de Bragança, Taipa
🕐 07:00-다음 날 04:00
☎ +853 2885 5184
MOP 2인 기준 MOP 64~

포르투기즈 베이커리 커피숍
Portuguese Bakery Coffee Shop | 베이커리 |

커피와 빵만큼 국적을 불문하고 모두에게 거부감 없는 아침 식사 메뉴가 또 있을까? 포르투기즈 베이커리는 쌀로 만든 케이크 볼로 드 아로즈Bolo de Arroz, 머핀과 비슷한 케케Queque, 원조 에그타르트 나타Nata 등 우리나라에서는 좀처럼 접하기 힘든 포르투갈 베이커리를 판매하는 곳이다. 포르투갈 출신의 제빵사가 직접 재료를 선별해 전통 방식으로 빵을 구워낸다는 점에서 이 집의 자부심이 느껴진다.

🏠 6-22 Beco do Sal, Macau
🕐 화~토요일 08:00-19:00, 일요일 08:00-16:00 / 월요일 휴무
☎ +853 6280 8274
MOP 빵 MOP 10~, 케이크 MOP 12~

상 레이 生利咖啡麵食 Estabelecimento De Comidas Sang Lei | 차찬텡 |

홍콩 스타일의 아침 식사 메뉴인 차찬텡이 맛있기로 소문난 집이다. 허름한 외관과 온통 한자로만 된 메뉴판 때문에 살짝 거부감이 들지만 일단 한번 맛을 보면 이 집의 유명세가 괜히 얻어진 게 아니란 사실을 알게 된다. 진한 육수에 소고기가 넉넉히 들어간 소고기 누들이나 버터 한 조각이 올려진 부드러운 프렌치 토스트, 커피와 밀크티를 섞은 원앙차 등 무엇을 주문하든 후회 없는 맛을 선사한다.

🏠 Pátio do Cmte. Mata e Oliveira, No 72, Edf. Kam Loi, R/C, Macau
🕐 월~토요일 07:30-17:30 / 일요일 휴무
☎ +853 2871 0035
MOP 2인 기준 MOP 48~

남핑 카페

南屏雅敘 Nam Ping Café | 차찬탱 |

갓 구운 빵 냄새가 골목 안을 가득 채워 그냥 지나치다
가도 들어가고 싶게 만드는 차찬텡 집이다. '원 나잇 푸
드트립'에 소개된 이후 한국인 여행객들의 방문이 늘
어났지만 여전히 손님의 대부분은 현지인이다. 얇은
토스트 빵 사이에 달걀과 햄을 넣은 샌드위치가 인기
메뉴다. 먹음직스러운 비주얼만큼이나 맛도 좋고 양
도 넉넉하다. 콜라에 생강을 넣고 끓인 호록까겅이나
마카로니로 만든 콘지 등 다른 메뉴도 손색없는 맛을
선사한다.

🏠 85-85A R. de Cinco de Otuburo, Macau
🕐 06:30~20:30
☎ +853 2892 2267
MOP 2인 기준 MOP 50~

누들 앤 콘지 粥面区 Noodle & Congee | 중화요리 |

그랜드 리스보아 호텔 3층에 있는 중화요리 전문점이다. 주방의 한쪽 면을 커다란
통유리로 만들어 수타로 면을 뽑아내고 웍을 이리저리 굴려가며 불 맛을 내는 주방
장의 노련한 솜씨가 그대로 노출된다. 화려한 '쿠킹 쇼'만큼이나 음식의 맛도 수준급
인데 커다란 게가 그대로 들어간 게 죽 정도라면 아침 식사로 손색이 없다. 그 밖에
상하이식 딤섬인 샤오룽바오나 각종 국수도 추천할 만한 메뉴다.

🏠 U2F, Grand Lisboa, Macau
🕐 24시간 영업
☎ +853 8803 7755
MOP 2인 기준 MOP 165~

신무이 新武二 San Mou I | 국수 |

마카오 사람들에게 무리미엔(牡蠣麵)이라는 이름으로 유명한 굴국수를 판매하는 곳
이다. 맑은 육수에 꼬들꼬들한 수타면과 작은 굴이 넉넉히 들어가 개운하고 깔끔한
맛을 선사한다. 마카오의 국숫집은 대부분 면의 종류와 토핑 등을 손님이 직접 선택
해야 하는 시스템이다. 하지만 메뉴판에 재료의 사진과 함께 주인장이 꾹꾹 눌러 쓴
한글 명칭이 붙어 있어 선택은 그리 어렵지 않다. 토핑 중에는 닭 날개 튀김도 있
는데 국수와 어울리지 않을 것 같지만 의외로 신선한 조화를 이룬다.

🏠 105-175 R. de Coimbra,Taipa
🕐 07:00~18:30
☎ +853 2884 3946
MOP 토핑 3~4가지를 넣은 국수 한 그릇 약 MOP 78~

MICHELIN GUIDE

미식의 바이블, 미슐랭 가이드

한 끼의 식사를 위해 온갖 블로그를 뒤지며 고민을 거듭하는 여행자들에게 선택의 기준이 되는 것이 있으니 바로 미슐랭 가이드다. 오랜 경험을 통해 장인이 터득해낸 고유의 맛을 이방인이 별 몇 개로 평가한다는 건 무리한 일이지만 그럼에도 미슐랭 가이드가 가장 대중적인 길잡이임은 부인할 수 없는 사실이다. 마카오에서만 맛볼 수 있는 특별한 별의 세계로 떠나보자.

미슐랭 가이드는 크게 3가지 별 등급으로 식당을 평가한다. 더불어 별을 따내지 못한 식당 가운데서도 가성비 좋은 식당을 따로 선정하기도 한다.

❀ 　　요리가 특별히 훌륭한 식당
❀❀ 　요리를 맛보기 위해 멀리 찾아갈 만한 식당
❀❀❀ 요리를 맛보기 위해 여행을 떠나도 아깝지 않은 식당
🍴 　　빕 구르망Bib Gourmand │ 별을 줄 정도는 아니지만 평균 $40 이하의 합리적인 금액으로 훌륭한 요리를 만들어내는 식당

제이드 드래건

譽瓏軒 Jade Dragon | 광둥식 | ✿✿✿

시티 오브 드림즈 내 들어선 광둥요리 전문점으로 미슐랭 가이드 별 3개 획득에 이어 아시아 베스트 레스토랑 50에도 선정된 곳이다. 입구에서부터 반짝이는 금박 장식과 화려한 용 문양의 실내 인테리어가 시선을 압도한다. 광둥식의 대가 탐퀵펑 Tam Kwok Fung의 오랜 경험이 녹아 들어간 요리를 맛보면 이 집에 쏟아지는 찬사가 괜한 허풍이 아님을 알게 된다. 코스 요리가 부담스럽다면 이 집의 시그니처 메뉴인 이베리코 포크를 활용한 단품 요리도 추천할 만하다.

🏠 2F, The Shops at The Boulevard, Cotai

🕐 월~토요일 런치 12:00-15:00, 일요일 런치 11:00-15:00, 월~일요일 디너 18:00-23:00

☎ +853 8868 2822

MOP 단품 메뉴 2인 기준 MOP 1490~

@ www.cityofdreamsmacau.com/en/dine/chinese/jade-dragon

로부숑 오 돔 天巢法國餐廳 Robuchon au Dome | 프렌치 | ✿✿✿

현재까지 마카오에서 미슐랭 가이드 별 3개를 따낸 곳은 단 세 곳뿐, 로부숑 오 돔은 그중 한 곳으로 컨템퍼리 프렌치 요리를 선보인다. 12코스로 나오는 므네 데귀스따시옹Menu Degustation과 8300여 종에 이르는 와인 메뉴가 미슐랭 심사위원들의 마음을 흔들었다. 그랜드 리스보아 호텔 최상층에 있어 전망이 훌륭하다는 것 역시 이 집의 자랑거리 중 하나다. 동시 입장할 수 있는 수가 75명으로 제한되기 때문에 방문 전 예약 필수다.

🏠 43F, Grand Lisboa, Macau

🕐 런치 12:00-14:30, 디너 18:30-22:30

☎ +853 8803 7878

MOP 런치 세트 MOP 688~

@ www.grandlisboahotels.com/en/dining/robuchon-au-dome

펑웨이주 風味居 Feng Wei Ju | 중화요리 | ✿✿

특급 호텔 스타월드 안에 들어선 중화요리 전문점이다. 오직 쓰촨과 후난 지역에서만 나는 재료를 엄격하게 선발해 사용하는 셰프 찬 차크 컹Chan Chak Keong의 고집이 미슐랭에서 후한 점수를 받는 데 결정적 요인으로 작용했다. 내놓는 요리는 꼭 쓰촨과 후난 요리만 국한하지 않아서 광둥식과 북경식을 비롯한 다양한 중식을 맛볼 수 있다. 반바지나 슬리퍼 차림으로는 입장이 불가하다는 점을 기억하자.

🏠 5F, Star World Hotel, Macau

🕐 11:00-23:00

☎ +853 8290 8668

MOP 2인 기준 MOP 510~

@ www.starworldmacau.com/restaurant/feng-wei-ju/

더 테이스팅 룸 御膳房 The Tasting Room | 프렌치 | ✤✤

수준급의 프랑스 요리를 선보이는 곳으로 오픈 후 1년 만에 미슐랭 가이드에서 별 2개를 따내더니 현재까지 매년 별 2개를 유지하고 있다. 와인 자동 판매기가 손님을 맞이하고 다이닝 룸 한쪽 벽을 초대형 와인 셀러로 장식했을 만큼 감각적인 와인 셀렉팅을 자랑하는 곳이다. 프랑스 출신의 셰프 파브리스 불린Fabrice Vulin이 고향의 식재료만 사용해 만들어내는 요리는 어뮤즈 부쉬부터 디저트까지 품격이 그대로 묻어난다.

🏠 3F, Nüwa, City of Dreams, Cotai
🕐 런치 12:00-14:30, 디너 18:00-22:30
☎ +853 8868 6681
MOP 2인 5코스 점심 메뉴 MOP 1576~
@ www.cityofdreamsmacau.com/en/dine/international/the-tasting-room

더 골든 피콕 皇雀印度餐廳 The Golden Peacock | 인디언 | ✤

2014년 오픈 직후부터 현재까지 꾸준히 미슐랭 가이드에서 별 1개를 유지하고 있는 보기 드문 인도 요리 전문점이다. 일반적인 미슐랭 스타 레스토랑과 달리 금액이 저렴하다는 것이 이 집의 자랑이다. 하지만 내놓는 요리는 모두 수준급이어서 커리, 탄두리 치킨, 스테이크 등 무엇을 주문하든 기대 이상으로 만족스럽다. 점심 뷔페를 이용하면 라씨 같은 디저트까지 폭넓은 인도 요리를 부담 없이 맛볼 수 있다.

🏠 Shop 1037, 1F, The Venetian Macao, Cotai
🕐 런치 11:30-15:00, 디너 18:00-23:00
☎ +853 8118 9696
MOP 런치 뷔페 MOP 198~
@ www.venetianmacao.com/restaurants/signature/golden-peacock.html

더 키친 大廚 The Kitchen | 스테이크 | ✤

6년 연속 미슐랭 가이드에서 별 1개를 따낸 스테이크 전문점으로 그랜드 리스보아 호텔 3층에 있다. 가고시마와 호주산 와규, 미국산 프라임 소고기, 네덜란드산 송아지 등 세계 최고 등급의 스테이크를 선보여 마카오에서 제대로 된 스테이크를 먹고 싶다면 주저 없이 선택해도 좋은 곳이다. 만 7000여 종에 이르는 수준급의 와인도 선보이는데 그 덕에 와인 문화를 소개하고 와인의 등급을 매기는 잡지 와인 스펙테이터Wine Spectator로부터 최고상을 받은 바 있다.

🏠 3F, Grand Lisboa, Macau
🕐 런치 12:00-14:30, 디너 18:30-22:30
☎ +853 8803 7777
MOP 스테이크류 MOP 500~, 런치 세트 MOP 430~
@ www.grandlisboahotels.com/en/dining/the-kitchen

CHINESE TEA

음료를 넘어 중국의 정체성, 차茶

중국인들은 5000년 전부터 차를 마셔왔다. 지금도 많은 사람들이 차를 우려내는 병을 따로 가지고 다닐 만큼 그들에게 차는 음료를 뛰어넘어 하나의 문화이자, 그들의 정체성을 보여주는 중요한 매개체다. 중국에 온 만큼 중국의 차, 제대로 즐겨보자.

광둥요리의 시작은 차

마카오에서 중급 이상의 광둥요리 전문점이라면 따로 주문하지 않아도 차부터 내온다. 무료는 아니고 지불해야 하지만 이를 마다하고 그냥 물을 마시는 사람은 거의 없다. 이들의 유별난 차 사랑은 과거 중국의 물에 석회 성분이 많아 물을 끓여 먹는 습관에서 비롯된 것이라고는 하나 원인이 무엇이든 기름기가 많은 광둥식 식생활에서 차는 꽤나 효과적인 위 보호제 역할을 한다. 꽃잎이 들어가 향기가 좋고 쓴맛이 덜한 재스민차가 가장 일반적이지만 다른 종류의 차를 주문하는 것도 가능하다.

차를 마시는 예법

중국의 차 문화에는 몇 가지 예법이 있다. 차 리필이 필요하다면 주전자 뚜껑을 반만 열어두면 된다. 지나가는 종업원이 알아서 차를 채워주는데 이때 검지와 중지를 구부려 테이블을 두 번 툭툭 치면 된다. 구부린 손가락은 무릎을 꿇어 예를 표하는 사람의 모습을 상징한다. 찻잔이 비면 마주 앉은 사람이 알아서 채워줘야 하는 것 역시 중요한 차 예법 중 하나다. 지금은 많이 사라진 문화이나 여전히 차와 함께 작은 그릇 두개를 내오는 레스토랑이 있다. 하나는 차를 마시는 용도이고 하나는 첫 찻물을 따라 수저와 식기를 씻어내는 용도라는 점을 기억하자.

가장 대중적인 중국 차 종류

차는 발효 정도와 생산지에 따라 여러 종류로 나뉘는데 발효가 되지 않은 것은 불 발효차, 절반쯤 발효된 것은 반 발효차, 발효가 충분히 된 것은 완전 발효 차라고 한다. 발효도가 낮을수록 찻잎이 푸른색을 띠며 찬 성질이 많아 여름에 마시면 좋다. 반대로 발효도가 높을수록 찻잎이 짙은 색을 띠며 따뜻한 성질이 많아 겨울에 마시면 좋다.

보이차 普洱茶

완전 발효차에 속하며 검은색에 가까울 만큼 찻잎의 색이 짙다. 첫맛은 떫지만 시간이 지날수록 단맛이 돌며 향기도 오래 간다. 체내 지방 흡수를 막아 비만 방지에 효과가 좋다.

용정차 龍井茶

항저우 지방의 특산품으로 발효 과정을 거치지 않고 찻잎을 그대로 말린 뒤 우려낸다. 숭늉처럼 맛이 구수하며 향이 짙은데 반해 색깔이 맑다. 피를 맑게 하는 효과가 있다.

철관음차 鐵觀音茶

매일 차를 끓여 관음상에게 바쳤다는 농부의 이야기에서 이름이 유래했다. 홍차의 쌉싸래한 맛과 녹차의 은은한 향을 동시에 지녔으며 사포닌이 풍부해 변비 치료에 효과적이다.

무이암차 武夷巖茶

푸젠성의 우이산에서 나는 차를 무이암차라 통칭하는데 중국 10대 명차 중 하나로 손꼽힌다. 구수한 맛이 일품이며 훈제향이 난다. 긴장을 풀어줘 스트레스 해소에 도움이 된다.

홍차 紅茶

완전 발효차로서 향이 강하고 색이 짙으며 카페인도 많이 함유되어 있다. 생산지에 따라 다즐링 홍차, 우바 홍차, 아삼 홍차 등으로 나뉘며 기문 홍차祁門紅茶가 가장 일반적이다.

DIM SUM

광둥 미식의 꽃, 딤섬

광둥 지방 사람들에게 딤섬은 아침과 점심 사이, 또는 점심과 저녁 사이 차와 함께 가볍게 즐기는 간식이라 해서 얌차飲茶라는 이름으로 불려왔다.
근래에 와서는 시간에 관계없이 딤섬을 내놓는 식당이 많아지면서 이전보다 수월하게 맛볼 수 있게 되었다.
딤섬의 본거지에 온 만큼 반드시 맛봐야 하는 딤섬! 주문 방법부터 종류 등 딤섬에 대한 모든 걸 공개한다.

딤섬, 어떻게 주문할까?

전통적인 주문 방식은 딤섬을 가득 실은 수레가 지나갈 때 불러 세워 원하는 종류를 선택하는 것이지만, 오늘날에는 테이블에 놓인 종이 주문서에 연필로 체크해 넘기는 방식이 일반적이다. 주문서는 대부분 한자로 되어 있지만 여행객을 위해 사진이 들어간 메뉴판을 따로 마련한 집이 많아 주문은 생각보다 수월하다. 하나의 찜통에 보통 서너 개의 딤섬이 들어가기 때문에 무턱대고 많이 시킬 필요는 없다.

◆ 딤섬의 종류 ◆

딤섬은 이름만으로도 대략적인 모양을 알 수 있는데 만두 안의 소가 보일 만큼 만두피가 투명한 것은 가우餃, 빵처럼 두툼하게 부풀어 오른 것은 바오包, 만두피가 열려 소가 노출된 것은 마이賣라고 한다. 만두와 비슷한 모양이 가장 일반적이지만 튀김이나 전병, 심지어 닭발 등 1000가지가 넘는 종류가 존재한다.

샤오롱바오 小籠包

유일한 상하이식 딤섬으로 얇은 피 안에 돼지고기와 육즙이 가득 들었다. 젓가락으로 살짝 구멍을 내 뜨거운 육즙을 쭉 들이켠 후 나머지를 먹으면 된다.

시우마이 燒賣

노란색 달걀 반죽에 다진 돼지고기와 새우 소를 넉넉히 넣고 꽃 모양으로 빚어낸 딤섬이다. 그 위에는 날치 알, 게살 등 다양한 토핑으로 장식한다.

차시우바오 叉燒包

부드럽고 폭신한 찐빵 속에 간장과 설탕을 넣고 졸인 돼지고기 소가 들어 있다. 부피가 커서 한 개만 먹어도 포만감을 준다.

창펀 腸粉

쌀로 만든 얇은 피 속에 새우나 고기, 채소 등을 넣고 둘둘 말아 만든 종류로 간장 소스를 뿌려 먹는다. 쫄깃한 식감과 더불어 달콤한 맛이 일품이다.

춘권 春卷

중화권을 넘어 동남아 요리에서도 쉽게 접하는 종류로 스프링 롤이라는 영어식 이름이 더 유명하다. 만두피에 다진 채소와 고기를 넣고 돌돌 말아 찌거나 튀겨 먹는 방식이다.

하가우 蝦餃

얇은 찹쌀 피 속에 통새우를 넣은 것으로, 씹을 때마다 느껴지는 탱글탱글한 새우의 식감과 그 안에서 배어 나오는 진한 육즙이 환상의 조화를 보여준다.

로박고 蘿蔔糕

무를 갈아 퓌레를 만든 후 건새우, 건버섯 등을 넣어 겉면만 살짝 구운 종류다. 물컹한 식감 덕에 무떡이라는 별칭으로도 불린다.

풍좌 鳳爪

간장 소스에 바짝 졸여낸 닭발이다. 콜라겐이 가득 들어 피부 미용에 좋지만 익숙하지 않은 외형과 독특한 향 때문에 호불호가 갈린다.

로마이까이 糯米鷄

연잎에 닭고기와 찹쌀을 넣고 쪄낸 일종의 연잎밥이다. 연잎 특유의 향이 밥에 배어 씹을수록 입안에 향기가 감돈다. 양이 넉넉해 한 끼 식사로도 거뜬하다.

짜완탕 炸雲呑

완탕면에 들어가는 새우만두를 튀겨낸 것으로, 바삭한 겉과 고소하고 부드러운 새우 소의 궁합이 일품이다. 맥주 안주로 그만이다.

얌차 飮茶 Yum Cha

쉐라톤 그랜드 마카오 호텔 코타이 센트럴 안에 들어선 중식당으로 깔끔하고 모던한 인테리어와 더불어 부담 없는 금액 덕에 현지인과 여행객 모두에게 사랑받는 곳이다. 간판은 정해진 시간에만 차와 함께 딤섬을 내놓는다는 뜻의 '얌차'지만 실제로는 언제든 딤섬을 실컷 맛볼 수 있다. 한국인이 가장 좋아하는 대표 딤섬 하가우와 시우마이가 가장 인기가 좋으며 볶음밥류도 후회 없는 맛을 선사한다.

🏠 F1, Sands Cotai Central, Cotai
🕐 11:00-22:00
☎ +853 8113 7970
MOP 2인 기준 MOP 200~

카오 카오 찬 餃餃鎮 Dumpling Town

세나도 광장 인근의 딤섬 전문점으로 최근 리노베이션을 통해 쾌적한 시설로 거듭났다. 로컬 식당인 만큼 금액은 당연히 저렴하지만 딤섬을 만들어내는 실력만큼은 꽤나 수준급이어서 맛만 놓고 본다면 특급 호텔의 중식당 못지않다. 녹즙을 넣어 색을 입힌 만두, 튀긴 만두 등 형식에 얽매이지 않은 다양한 만두를 선보이며 국수 등 다른 메뉴도 추천할 만한 곳이다.

🏠 5 Beco da Arruda, Macau
🕐 12:00-22:00
☎ +853 2835 6633
MOP 2인 기준 MOP 99~

윙 레이

永利軒 Wing Lei

윈 마카오 호텔의 시그니처 레스토랑 중 하나로 10년 연속 미슐랭 가이드에서 별 1개를 받아냈을 뿐 아니라 포브스 트래블 가이드Forbes Travel Guide로부터 별 5개를 받아냈다. 광동요리의 진수를 보여주는 곳으로 하얀색 용으로 장식된 홀은 중국 전통 색채가 묻어나면서도 동시에 모던함이 느껴진다. 딤섬을 실컷 맛보고 싶다면 런치 특선 메뉴를 공략하면 된다.

🏠 GF, Wynn Macau Hotel, Macau
🕐 월~토요일 런치 11:30-15:00, 일요일 런치
　　10:30-15:30, 매일 디너 18:00-23:00
☎ +853 8986 3663
MOP 런치 특선 메뉴 2인 기준 MOP 450~

디 에이트 레스토랑

8餐廳 The 8 Restaurant

미슐랭 가이드에서 별 3개를 따낸 디 에이트는 품격의 광동요리를 선보인다. 샥스핀이나 게살 요리 등 고급 요리의 홍수 속에서도 가장 인기가 좋은 메뉴는 바로 딤섬이다. 고슴도치나 꽃게 등 독특한 디자인의 딤섬은 모양뿐 아니라 맛도 훌륭하다. 딤섬은 오직 점심시간에만 내놓는다는 점, 그리고 워낙 인기가 좋은 만큼 사전 예약이 필수라는 점을 기억하자.

🏠 2F, Grand Lisboa, Macau
🕐 월~토요일 런치 11:30-14:30, 일요일 런치
　　10:00-15:00, 매일 디너 18:30-22:30
☎ +853 8803 7788
MOP 런치 딤섬 2인 기준 MOP 650~

토우 토우 코이 陶陶居海鮮酒家

Tou Tou Koi Restaurant

펠리시다데 거리에는 가업을 이어받아 오랜 세월 골목의 터줏대감으로 불려온 식당이 많은데 토우 토우 코이가 바로 그러한 식당 중 하나로 60년의 전통을 자랑한다. 해산물 전문 레스토랑이지만 앉은 사람 대부분은 해산물보다 탕수육이나 볶음밥, 딤섬 등 평범한 중화요리를 먹는다. 미슐랭 가이드 빕구르망에 선정된 곳인 만큼 워낙 인기가 좋아 식사 시간이라면 줄을 설 각오를 해야 한다.

🏠 Tv. Do Mastro 6, Macau
🕐 09:00-15:00, 17:00-23:30
☎ +853 2857 2629
MOP 2인 기준 MOP 180~

LOCAL CAFÉ

도시 여행의 필수 조건, 카페 투어

도보 이동이 많은 자유 여행자에게 커피는 필수 조건이다. 익숙한 스타벅스도 좋지만 커피의 맛을 아는 여행자라면 어떻게든 로컬 카페를 찾아내 그 집만의 고유 커피를 맛보고 싶기 마련, 오래된 골목이 많은 마카오에는 그 오래된 골목과 어울리는 감성의 로컬 카페도 많다. 골목 가득 풍기는 커피 향을 따라 나만의 보석 같은 카페를 발견하는 재미를 만끽해보자.

싱글 오리진
Single Origin

성 라자루 성당구가 끝나는 대로변에 들어선 싱글 오리진은 마카오의 로스팅 카페 중 가장 널리 알려진 곳이다. 협소한 공간에 에스프레소 머신과 사이폰, 마주 앉은 사람과 무릎이 닿을 만큼 작은 테이블이 빼곡히 들어서 왠지 모를 정겨움이 느껴진다. 가장 기본인 에스프레소와 더불어 커피에 아이스크림을 넣어 먹는 아포가토도 인기 메뉴 중 하나다.

🏠 Rua de Abreu Nunes 19 R/C, Macau
🕐 12:00-20:00

☎ +853 6698 7475
MOP 에스프레소 MOP 25~, 아포가토 MOP 48~

트라이앵글
커피 로스터

Triangle Coffee Roaster

성 바울 성당 유적 뒤편 조용한 주택가에 들어선 트라이앵글 커피 로스터. 트라이앵글이라는 이름은 원두, 로스팅, 마음의 3가지가 조화를 이뤄야 맛있는 커피를 만들 수 있다는 뜻인데, 결과적으로 그 커피 맛에 반해 사람들이 물어물어 찾아들면서 마카오에서 가장 유명한 카페 중 하나가 되었다. 직접 로스팅한 커피로 만든 에스프레소는 다른 집에 비해 맛과 향이 조금 더 진한 편이다.

🏠 68D R.de Tomas Vieira, Santo Antonio, Macau
🕐 12:00-20:00
☎ +853 3687 5333
MOP 에스프레소 MOP 28~, 카페라테 MOP 38~

테라 커피 하우스 Terra Coffee House

사람도 거의 지나지 않는 길 초입에 들어선 테라 커피 하우스는 말 그대로 동네 커피
집다운 정겨운 분위기를 풍기는 곳이다. 모던한 실내 공간과 시원시원한 통 유리 벽
이 이 빈티지한 골목과 어울리지 않는 것 같지만 어딘가 모르게 묘한 조화를 이룬다. 커
피는 물론 샌드위치, 샐러드 등 가벼운 식사를 즐기기도 좋은 곳이다.

🏠 Rua Central No.20, Macau

🕐 월~토요일 10:00-21:30, 일요일 12:00-20:00

☎ +853 2893 7943

MOP 테라 아이스커피 MOP 37, 샐러드 MOP 65~

블룸 커피 하우스 Bloom Coffee House

꽤나 널찍한 공간을 가득 채운 건 커다란 로스팅 머신
과 커피 관련 굿즈들이다. 사람 한 명 앉을 자리가 없어
테이크 아웃만 가능하다. 중심가에서 살짝 벗어나 있고
그마저도 시장 안에 있어 찾아가기도 힘들다. 하지만
이런 무심함과 시크함이 오히려 매력이 되어 굳이 이
먼 곳까지 찾아와 커피를 마시는 사람들이 늘어나면서
의도치 않게 인기 카페 반열에 올라서고 말았다. 우리
에겐 다소 낯선 이름이지만 라테보다 조금 더 풍미가
진한 플랫화이트가 이 집의 시그니처 커피다.

🏠 Rua de Horta E Costa, No.5, R/C, Macau

🕐 월~금요일 08:30-20:00, 토~일요일 11:00-
19:00

☎ +853 6666 4479

MOP 에스프레소 MOP 25~, 플랫화이트 MOP 36~

문예문 文藝門 A Porta Da Arte

카페 겸 편집 숍인 문예문은 철물 공업사였던 옛 건물을 그대로 보존해 빈티지한 매력이 물씬 풍기는 곳이다. 문화와 예술로 통하는 문이라는 이름처럼 4층짜리 건물을 층층이 나눠 1층은 카페, 2층은 마카오의 아티스트 백강百强의 작품 전시관, 3층과 4층은 소품점이다. 1층의 카페는 트라이앵글 커피 로스터의 커피를 사용한다는 점에서 커피 마니아들도 만족할 만한 곳이다.

🏠 32 R. dos Ervanarios, Macau
🕐 11:00-20:00
☎ +853 6345 6588
MOP 에스프레소 MOP25,
　　 캐러멜 마키아토 MOP 38~,
　　 패션 프루트 치즈케이크 MOP 38

쿼터 스퀘어 Quarter Square

규모는 작지만 건물 옥상까지 테이블을 둬 루프톱 카페다운 면모를 갖추었다. 감각적인 디자인의 디퓨저, 휴대폰 케이스 등을 판매하지만 금액이 다소 비싸다는 게 아쉽다. 로스터리 카페는 아니지만 커피 맛은 평타 이상이며, 무엇보다 옥상에 자리를 잡고 앉아 저물어가는 노을을 감상하는 것만으로도 여행의 낭만을 만끽하기엔 부족함이 없는 곳이다.

🏠 89 Largo Maia de Magalhaes, Taipa
🕐 11:00-20:00
☎ +853 2857 6914
MOP 아메리카노 MOP 32~, 그린티 라테 MOP 42~,

SWEET DESSERT

달콤한 디저트의 유혹

디저트 문화에서도 특유의 복잡한 정체성이 고스란히 드러나는 마카오. 정통 포르투갈 스타일 베이스에 다양한 형태로 변형된 독특한 디저트들이 여행자의 눈과 입을 즐겁게 한다. 에그타르트와 세라두라 등 마카오에서만 맛볼 수 있는 디저트 전문 숍을 찾아다니는 것도 여행에 소소한 재미를 더한다.

◆ 디저트 종류 ◆

에그타르트 Eggtart

마카오에서 가장 흔히 보이는 디저트다. 포르투갈에서 탄생했지만 마카오로 건너와 원조보다 더 유명해졌다. 바삭한 페이스트리와 그 안에 가득 든 달콤한 커스터드가 환상의 궁합을 이룬다.

세라두라 Serradura

부드러운 생크림과 바삭한 쿠키 가루를 층층이 올려 만든 것으로 포르투갈의 대표 디저트다. 푸딩처럼 스푼으로 떠먹는 방식이며 생크림 대신 아이스크림을 사용하는 집도 있다.

몰로토프 Molotof

캐러멜 위에 달걀 흰자를 올린 후 오븐에 구워낸 디저트다. 푸딩보다 조금 더 부드러운 수플레 느낌으로 말랑말랑한 달걀 흰자 부분과 바삭하고 쌉싸래한 캐러멜의 조화가 오묘하다.

달걀 푸딩 Egg Pudding

밀가루에 달걀 노른자와 우유, 크림, 설탕 등을 넣어 오븐에 구워낸 후 그 위에 캐러멜을 적당히 뿌리면 완성된다. 달걀과 우유가 만들어낸 독특한 향이 입안 가득 진한 여운을 남긴다.

세미프리오 Semi-Frio

이탈리언 디저트 Semifreddo의 포르투갈 버전이다. 원래는 차갑게 얼려 먹는 무스 스타일이지만 마카오로 넘어오며 아이스크림에 견과류와 초콜릿 시럽을 뿌려 먹는 방식으로 바뀌었다.

우유 푸딩 Milk Pudding

'딴나이'라는 명칭의 중탕한 우유인데 여행객들 사이에서 우유 푸딩으로 불린다. 입에 넣는 순간 사르르 녹아버릴 만큼 극강의 부드러움을 자랑한다. 옛날식 우유 아이스바와 비슷한 맛이다.

마가렛츠 카페 이 나타

瑪嘉烈蛋撻店 Magaret's Café E Nata | 에그타르트 |

콜로안에 있는 한 로드 스토우즈 베이커리와 함께 에그타르트 2대 명가로 꼽히는 곳이다. 절묘하게도 로드 스토우즈 베이커리의 설립자 앤드루의 전 부인인 마가렛 여사가 주인장이다. 자리가 협소해 테이크 아웃만 가능하고, 주인장도 불친절하기로 소문이 났지만 그럼에도 수많은 여행자들이 이 집의 에그타르트를 맛보기 위해 이른 아침부터 몰려와 긴 대기 행렬을 이룬다.

🏠 17B, Goldlion building, Rua do Comandante Mata e Oliveira
🕐 월, 화, 목, 금요일 08:30-16:30, 토~일요일 10:00-18:00 / 수요일 휴무
☎ +853 2871 0032
MOP 에그타르트 1개 MOP10, 6개들이 한 상자 MOP55

산 호우 레이

新好利美食餅店 San Hou Lei | 제비집 타르트 |

특별할 것 없는 허름한 분식집 같지만 타르트가 맛있기로 소문이 나면서 마카오의 명물 디저트 가게 대우를 받는 곳이다. 가장 유명한 메뉴는 바삭한 페이스트리에 하얀색 커스터드가 올라간 제비집 타르트인데 재료 자체가 워낙 귀해 일찍 동나기 일쑤다. 그 밖에 홍콩식 에그타르트나 바게트 사이에 두툼한 숯불 구이 돼지고기가 들어간 주빠바오도 이 집의 대표 메뉴 중 하나다.

🏠 13-15 Rua do Regedor, Macau
🕐 07:15-18:15
☎ +853 2882 7313
MOP 제비집 타르트 MOP 16, 에그타르트 MOP 13

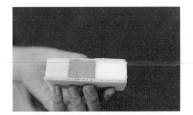

라이케이 禮記雪糕

Lai Kei Sorvetes | 아이스크림 샌드 |

아이스크림 샌드 전문점으로 성 라자루 성당구 인근에 있다. 색이 바랜 타일과 낡은 선풍기, 촌스러운 달력 등 일부러 1980년대 스타일에 맞춘 듯한 레트로풍의 인테리어가 눈에 띄는데 실제로 1930년에 문을 열어 3대째 가업을 이어온 곳이다. 아이스크림을 감싸고 있는 포장지는 창립자가 직접 디자인해 초창기부터 단 한 번의 변형 없이 이용해온 것으로 어린 시절 학교 앞에서 사 먹던 불량 식품이 떠오른다. 맛과 멋, 모든 면에서 추억이 묻어나는 곳이다.

🏠 12 Av. do Conselheiro Ferreira de
　Almeida, Macau
🕐 11:00-19:00
☎ +853 2837 5781
MOP 단품 아이스크림 MOP 13, 아이스크림 샌드
　MOP 17

세라두라

沙度娜 Serrdura | 세라두라 |

고급 매캐니즈 식당에서 디저트로 나오는 세라두라를 전문적으로 판매하는 곳이다. 세라두라의 기본은 생크림과 쿠키를 차곡차곡 쌓은 것인데 이 집의 세라두라는 생크림이 아닌 아이스크림을 이용한다는 점이 특이하다. 달콤한 맛은 원래의 세라두라와 비교해도 다를 바 없지만 아이스크림이 꽁꽁 얼어 특유의 부드러운 식감이 약하다는 점이 아쉽다. 그러나 초코, 망고, 녹차 맛 등 다양한 세라두라의 변주를 경험할 수 있다는 점에서 추천할 만하다.

🏠 R. do Regedor, 183-189, Taipa
🕐 10:00-20:00
☎ +853 2883 8688
MOP 세라두라 MOP 28~

이슌 밀크 컴퍼니 義順牛奶公司

Leitaria I Son | 우유 푸딩 |

평범한 차찬텡 가게로 시작해 우유푸딩 하나로 일약 스타덤에 오른 맛집이다. 여러 메뉴 중에서도 모든 손님이 빼놓지 않고 주문하는 게 바로 이 집만의 전매특허 우유 푸딩인데, 주해의 목장에서 매일 아침 공수해 온 신선한 우유로 만들어 특유의 부드러움을 자랑한다. 순수 하얀색의 우유 푸딩이 가장 인기가 좋지만 그 위에 팥을 올린 종류도 별미다. 구글맵 이용 시 '이슌 밀크 컴퍼니'라고 정확히 입력해야 본 지점이 나온다는 점을 기억하자.

🏠 G/F, 1, 7 R. Leste do Mercado de São
　Domingos
🕐 06:00-22:00
☎ +853 2857 3638
MOP 우유 푸딩 MOP 32~

편의점, 슈퍼마켓
쇼핑 아이템

마카오에는 여행을 마치고 기념품으로 간직하거나 선물용으로 좋은 편의점과 슈퍼마켓 쇼핑 아이템이 많다. 하루의 여정을 마치고 피로와 허기를 달래기 위한 아이템부터 아침 식사 대용으로 추천하는 음식까지 마카오에서 손쉽게 살 수 있는 물건을 소개한다.

✦ 무엇을 사야 할까 ✦

칭다오 흑맥주 Tsingtao Stout

독일의 기술력을 그대로 전수받은 중국 맥주의 대명사 칭다오의 흑맥주다. 깊은 단맛과 커피처럼 쌉싸래한 맛의 조화가 매력적이다.

블루 걸 맥주 Blue Girl Beer

한국 OB사가 만들어 중화권에서만 판매하는 블루걸 맥주. 홍콩에서 판매 1위를 차지할 만큼 인기가 높은 맥주다.

마카오 맥주 Macau Beer

마카오 유일의 로컬 맥주로 에일 맥주답게 탄산이 적고 과일 향이나 맥주를 좋아하지 않는 사람도 무리 없이 즐기기 좋다.

이금기 소스 Lee Kum Kee

이금기 소스 하나면 마카오의 맛을 한국에 돌아와서도 재현할 수 있다. 한국에서도 판매되지만 한국에서보다 금액도 저렴하고 종류도 다양하다.

카우룽 우유 Kowloon Dairy

레트로 느낌이 물씬 나는 유리병에 담긴 카우룽 우유. 일반 우유보다 맛이 진하고 고소해 아침 식사로 좋다.

수몰 Sumol

68년 역사를 자랑하는 마카오의 대표 음료. 청량감이 뛰어난 탄산음료로 파인애플, 레몬, 오렌지 등 다양한 과일 맛이 있다.

양광 레몬티
陽光 Lemon Tea

홍콩산 레몬티다. 레몬 함유량이 높아 진하면서 상큼한 맛이 매력적이다. 피곤하거나 졸릴 때 상쾌함을 주는 음료다.

비타소이 두유
Vitasoy

한국 두유보다 다소 묽은 듯한 두유로 목 넘김이 부드럽고 뒷맛이 깔끔하며, 단맛과 담백한 맛이 적절히 조화를 이뤄 취향에 맞게 즐길 수 있다.

누들
Noodle

마카오에서 맛본 국수를 잊지 못한다면 건조 누들을 이용해보자. 이탈리아의 파스타처럼 재료와 굵기에 따라 종류가 다양해 선택의 폭이 넓다

인도미 라면
Indomie Noodles

한국의 짜장 볶음 라면과는 조금 다른 맛의 동남아식 볶음 라면이다. 미고랭 맛 중 매운맛이 한국인에게 인기가 많다.

TIP 대부분 현금 결제이며 매장에 따라 100달러 이상 구매할 때만 카드 결제가 가능하다.

세븐일레븐 7-Eleven

2004년 첫 점포가 개설된 이후 현재까지 마카오에서 가장 흔하게 볼 수 있는 편의점은 세븐일레븐이다. 마카오와 홍콩산 식료품뿐 아니라 한국과 일본의 라면도 판매한다.

@ www.7-eleven.com.hk/en/store/macau

서클케이 Circle K

미국에 본사를 둔 편의점 체인으로 세븐일레븐과 라이벌 관계를 형성한다. 코타이 스트립 내 특급 호텔 안에도 위치해 언제든 간편하게 이용할 수 있다.

@ www.circlek.hk/en/store

로열 슈퍼마켓 Royal Supermarket

마카오를 대표하는 로컬 슈퍼마켓 중 하나로 현지에서는 로이로이로 불린다. 현지 물품과 다양한 수입 식품, 신선한 과일 등 구성이 뛰어나다.

@ royalsupermarket.com.mo

산미우 슈퍼마켓 San Miu Supermarket

로열 슈퍼마켓보다 물건의 금액이 저렴하며 수입 제품보다 중국산 제품을 주로 갖춘 곳이다. 매장에 따라 카드 최소 결제 금액이 다르며, 편의점처럼 24시간 영업을 한다.

@ www.sanmiu.com

MACAU TRAVEL
ITINERARY

마카오 여행 베스트 코스

· Plan ·

홍콩 출발 하루 코스

 DAY 1

DAY 1

1. 타이파 페리 터미널 도착

택시 10분

2. 안토니오에서
포르투갈 요리로 점심 식사

도보 7분

3. 타이파 빌리지에서
여유로운 산책 누리기

도보 10분

4. 베네시안 마카오의
화려한 내부 시설 관람

호텔 셔틀버스 20분

5. 세나도 광장을 시작으로
포르투갈 거리 산책

택시 10분

6. 쑤안라펀에서 얼큰한
사천 국수 맛보기

1

타이파 페리 터미널 Taipa Ferry Terminal ——————— p.113

홍콩에서 출발한 페리가 들어오는 타이파의 관문이다. 호텔 셔틀버스나 일반 버스
도 있지만 바쁜 일정이라는 점을 감안한다면 택시 이동이 편리하다.

4

베네시안 마카오 The Venetian Macao ——————— p.080

코타이의 초대형 위락 단지로 이탈리아의 베니스를 그대로 옮겨온 듯하다. 금으로
치장된 내부를 구경하는 것만으로도 시간 가는 줄 모를 정도다.

2 ›

안토니오 Antonio Restaurant ——————————————— p.086

포르투갈 출신의 셰프 안토니오가 운영하는 마카오 내 레스토랑 중 한국인에게 가장 유명한 곳이다. 미슐랭 기이드에서 2개의 별을 따냈다.

3 ›

타이파 빌리지 Taipa Village ——————————————— p.076

100여 년 전 포르투갈인들이 별장을 짓고 휴양을 누리던 곳이다. 민트색 건물과 호수가 들어선 한가로운 풍경 속에서 산책을 즐길 수 있다.

5 ›

세나도 광장 Largo do Senado ——————————————— p.054

마카오 반도 여행의 시작점이자 끝인 곳. 칼사다 타일이 깔린 길과 오래된 분수가 유럽의 어느 바닷가 마을에 온 듯한 착각을 불러일으킨다.

6 ›

쑤안라펀 酸辣粉 ——————————————— p.070

사천 스타일 국수를 맛보는 곳으로 면발과 토핑을 모두 직접 선택하는 방식이다. 얼큰하고 개운한 한식과 비슷해 부담 없이 즐길 수 있다.

· Plan ·

DAY 1

1 마카오 페리 터미널 도착
　　　호텔 셔틀버스 15분

2 윙치케이에서 70년 전통 완탕면 맛보기
　　　도보 8분

3 성 바울 성당 유적 & 세나도 광장 구경
　　　도보 10분

4 왕가위가 사랑한 곳,
　　 펠리시다데 거리 산책
　　　도보 3분

5 로자 다스 콘세르바스에서
　　 통조림 선물 쇼핑
　　　도보 6분

6 에스카다에서 매캐니즈 요리로 저녁 식사

DAY 2

7 군것질거리가 많은 쿤하 거리 구경
　　　도보 7분

8 타이파 빌리지에서 인생샷 남기기
　　　도보 7분

9 킹스 랍스터에서 랍스터 요리로 점심 식사
　　　택시 11분

10 윈 팰리스의 스카이 캡 탑승,
　　 분수 쇼 관람
　　　택시 6분

11 162m 높이, 파리지앵
　　 에펠탑 전망대 오르기
　　　도보 15분

12 팀호완에서 미슐랭 스타 딤섬 맛보기

홍콩 출발 1박2일

DAY 1

1 마카오 페리 터미널
Macau Ferry Terminal
────────── p.113

홍콩에서 출발한 페리가 들어오는 마카오 반도의 관문이다. 타이파 페리 터미널보다 운항 페리 수가 많은 만큼 공항 못지 않게 붐비는 곳이다.

2 윙치케이
Wong Chi Kei
────────── p.068

70년 전통의 국숫집으로 완탕면의 원조인 홍콩까지 진출해 원조를 뛰어넘는다는 평가를 받고 있다. 개운한 국물 맛이 일품이다.

DAY 2

7 쿤하 거리
Ruo do Cunha
────────── p.054

마카오의 명물 군것질 거리를 모두 맛볼 수 있는 거리, 타이파 빌리지로 가기 위해서는 이 길을 반드시 지나야 한다.

8 타이파 빌리지
Taipa Village
────────── p.065

한적한 풍경을 간직한 식민시절의 주택가로 구도를 잘 맞추거나 보정을 할 필요도 없이 예쁜 사진을 찍을 수 있다.

 3

성 바울 성당 유적
Ruínas de São Paulo

———————————— p.057

세 번의 화재로 성당의 전면부만 남았지만 여전히 당당한 모습. 마카오의 랜드마크를 자처하는 여러 유물 가운데 진정한 랜드마크다.

 4

펠리시다데 거리
Rua da Felicidade

———————————— p.016

왕가위의 '2046', 한국영화 '도둑들'의 포스터에 등장하면서 유명해진 길. 빈티지한 풍경 덕에 마카오 출사 여행의 필수 코스로 꼽힌다.

 5

로자 다스 콘세르바스
Loja Das Conservas

———————————— p.072

디자인이 출중한 생선 통조림이 많아 선물을 고르기 좋다. 조리를 하지 않고 그대로 따서 빵에 발라 먹거나 와인 안주로 먹어도 그만이다.

 6

에스카다
Restaurante Escada

———————————— p.064

매캐니즈 식당 가운데 한국인 여행객들에게 가장 널리 알려진 곳이다. 쫄깃한 식감의 바지락 볶음이 특히 유명하다.

9

킹스 랍스터
King's Lobster

———————————— p.087

SNS를 통해 유명세를 타면서 여행객들의 발길이 잦아진 곳. 커다란 랍스터가 그대로 들어간 비주얼만큼이나 맛도 훌륭하다.

 10

윈 팰리스 스카이 캡 & 분수쇼
Wynn Palace

———————————— p.013

윈 팰리스 호텔을 한 바퀴 도는 케이블카 스카이 캡을 타고 화려한 분수 쇼를 발아래로 내려다본다. 모든 어트랙션이 무료다.

 11

파리지앵 에펠탑 전망대
Eiffel Tower

———————————— p.078

코타이 스트립 한복판에 들어선 높이 162m의 에펠탑 전망대에 오르면 미래 도시 같은 코타이의 전경이 한눈에 펼쳐진다.

12

팀호완
Tim Ho Wan

———————————— p.083

7년 연속 미슐랭 가이드에서 별을 따낸 실력파 딤섬 맛보기! 금액이 저렴하지만 딤섬의 맛만큼은 특급 레스토랑 못지않다.

· Plan ·

DAY 1

1 마카오 국제공항 도착 후 호텔 이동
> 호텔 셔틀버스 타고 호텔로 이동

2 타이파 신무이 굴국수에서
시원한 굴국수 맛보기
> 도보 10분

3 코헤이야 다 시우바 거리 산책 코스
> 도보 2분

4 오문에서 기념품 쇼핑
> 택시 8분

5 스튜디오 시티 골든 릴을 타고
야경 감상하기
> 도보 20분

6 베네시안 리조트 내 북방관에서 저녁 식사

DAY 2

7 마카오 반도 세계문화유산 도보 산책
> 도보 2분

8 아 로차에서
포르투갈 요리로 점심 식사
> 버스 30분

9 성 라자루 성당구에서
여유로운 산책 누리기
> 도보 2분

10 메르세아리아 포르투게자에서
포르투갈 산 비누 구입
> 도보 3분

11 로스팅 카페 싱글 오리진에서 커피 한잔!
> 도보 10분

12 로부송 오 돔에서 프랜치식으로 저녁 식사

꽉 찬 일정 2박3일

DAY 1

1

마카오 국제공항
Macau International Airport
———————————— p.113

규모는 작지만 마카오 유일의 국제공항
이다. 마카오 반도나 코타이 중심가까지
무료 셔틀버스를 타고 이동할 수 있다.

2

신무이 굴국수
San Mou I
———————————— p.022

먹방 프로그램 '밥블레스유'에 등장하
면서 한국인 여행객들에게 유명해진 로
컬 국숫집으로 개운한 굴국수를 맛볼
수 있다.

DAY 2

7

세계문화유산 도보 산책
World Heritage Stroll
———————————— p.054

세나도 광장을 중심으로 빈티지한 풍경
의 골목길을 걷다 보면 수백 년의 세월
을 견뎌온 유네스코 세계문화유산들을
만날 수 있다.

8

아 로차
A Lorcha
———————————— p.065

포르투갈 전통 배를 콘셉트로 한 매캐니
즈 레스토랑이다. 매캐니즈의 가장 기본
인 해물밥, 바칼라우 크로켓 등이 맛이
좋다.

 3

코헤이야 디 시우바 거리
Rua Correia da Silva

———————————— p.016

타이파 빌리지로 들어가기 전 좁은 산책로다. 길게 뻗은 길 양 끝에 신록을 머금은 나무들이 그늘을 만들어주어 쉬어 가기 좋다.

 4

오문
O-Moon

———————————— p.090

마카오의 한자음 오문澳門이 곧 달Moon이라는 기발한 상상력에서 출발했다. 선물과 기념품을 고르기 좋은 곳이다.

 5

스튜디오 시티 골든 릴
Studio City Golden Real

———————————— p.079

고담시를 콘셉트로 지은 스튜디오 시티의 어트랙션 중 가장 인기가 좋은 대관람차다. 낮보다 야간 탑승을 추천한다.

 6

북방관
North

———————————— p.082

고급스러운 인테리어만큼이나 음식의 맛도 뛰어난 중화요리 집이다. 한국인 여행객들 사이에서 인생새우를 만나는 곳으로 알려졌다.

 9

성 라자루 성당구
Igreja de S. Lázaro Petro

———————————— p.016

옐로 톤의 건물과 물결 무늬의 바닥, 오래된 골목 등 레트로 풍의 거리를 산책하며 잠시 쉬어갈 수 있다.

10

메르세아리아 포르투게자
Mercearia Portuguesa

———————————— p.072

수제 비누, 치약, 통조림 등 포르투갈산 생활용품을 판매하는 가게다. 실용적인 물건이 많아 선물을 고르기 좋다.

11

싱글 오리진
Single Origin

———————————— p.031

성 라자루 성당구 인근에 들어선 로스팅 카페다. 지나가기가 힘들 만큼 내부가 좁지만 커피 맛에 반해 찾는 이가 많다.

12

로부숑 오 돔
Robuchon au Dome

———————————— p.024

그랜드 리스보아 호텔 최상층에 있는 프렌치 레스토랑이다. 환상적인 뷰를 즐기며 품격의 프랑스 요리를 맛볼 수 있다.

DAY 3

13

콜로안 빌리지
Coloane Village

p.093

마카오의 최남단 작은 바닷가 마을이다. 파스텔 톤의 건물을 끼고 난 조용한 길을 걸으며 망중한을 누릴 수 있다.

14

로드 스토우즈 베이커리
Lord Stow's Bakery

p.096

마카오식 에그타르트의 원조로 통하는 곳. 이 집의 에그타르트를 맛보기 위해 일부러 콜로안을 찾는 여행객이 있을 정도다.

 15

싱코 드 오투부르 거리
Avenida de Cinco de Outubro

p.016

민가와 바닷가 사이에 난 작은 산책로다. 특별히 볼 만한 건 없지만 평화로운 바닷가 마을을 걷는 것만으로도 힐링이 된다.

 16

카페 응아팀
Café Nga Tim

p.100

성 프란치스코 하비에르 성당 바로 옆에 있는 매캐니즈 레스토랑이다. 저렴한 금액으로 크랩 커리를 양껏 맛볼 수 있다.

17

파리지앵 마카오
The Parisian Macao

p.078

코타이 스트립의 상징이 된 에펠탑이나 팔레 가르니에 오페라극장을 그대로 벤치마킹한 로비 등 마카오에서 파리의 감성이 느껴진다.

18

베네
Bene

p.082

쉐라톤 그랜드 마카오에 들어선 캐주얼한 분위기의 이탈리언 레스토랑이다. 솜씨 좋은 이탈리언 가정식을 선보인다.

GETTING AROUND MACAU

MACAU PENINSULA

마카오 반도

澳門半島

화장기를 지운 도시의 민낯

1513년 광둥 지방의 항구 마을에 정착한 포르투갈인들은 물결 문양의 칼사다Calçada를 바닥에 깔고, 그 위에 광장과 성당을 세우며 머나먼 곳에서 제2의 포르투갈을 꿈꿨다. 그래서 여전히 마카오에서 가장 중국 색이 짙은 곳이지만, 반대로 아시아에서 가장 뿌리 깊은 유럽 문화가 남은 곳이 바로 마카오 반도다. 이 도시 사람들의 혼란스러운 역사를 반증하듯 좁고 꼬불꼬불한 골목이 많은 마카오 반도에서는 자칫 길을 잃기 십상이지만 그렇다고 지도에만 몰두하며 걷기엔 놓치기 아까운 풍경이 많다. 여행에서는 때로 길을 잃을 용기도 필요한 법, 목적지를 상실했을 때 뜻밖의 보물을 발견하게 되는 곳이 바로 마카오 반도다. 꾸며진 관광지가 아닌 화장기를 지운 도시 본연의 얼굴을 만나고 싶다면 주저 없이 마카오 반도로 향하면 된다.

찾아가기

1 | 마카오 국제공항 → 세나도 광장

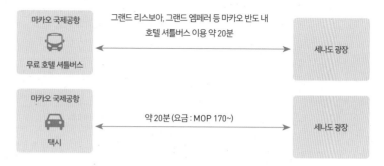

마카오 국제공항
무료 호텔 셔틀버스

그랜드 리스보아, 그랜드 엠페러 등 마카오 반도 내
호텔 셔틀버스 이용 약 20분

세나도 광장

마카오 국제공항
택시

약 20분 (요금 : MOP 170~)

세나도 광장

2 | 타이파 / 코타이 스트립 → 세나도 광장

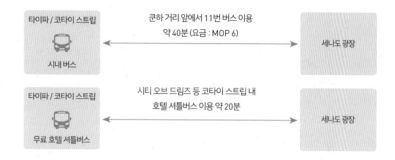

타이파 / 코타이 스트립
시내 버스

쿤하 거리 앞에서 11번 버스 이용
약 40분 (요금 : MOP 6)

세나도 광장

타이파 / 코타이 스트립
무료 호텔 셔틀버스

시티 오브 드림즈 등 코타이 스트립 내
호텔 셔틀버스 이용 약 20분

세나도 광장

3 | 홍콩 시내 → 마카오 페리 터미널

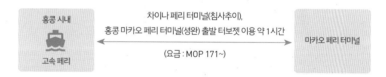

홍콩 시내
고속 페리

차이나 페리 터미널(침사추이),
홍콩 마카오 페리 터미널(성완) 출발 터보젯 이용 약 1시간
(요금 : MOP 171~)

마카오 페리 터미널

4 | 홍콩 시내 → 마카오 반도 내 주요 호텔

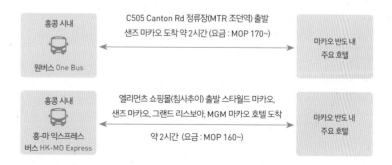

홍콩 시내
원버스 One Bus

C505 Canton Rd 정류장(MTR 조던역) 출발
샌즈 마카오 도착 약 2시간 (요금 : MOP 170~)

마카오 반도 내
주요 호텔

홍콩 시내
홍·마 익스프레스
버스 HK-MO Express

엘리먼츠 쇼핑몰(침사추이) 출발 스타월드 마카오,
샌즈 마카오, 그랜드 리스보아, MGM 마카오 호텔 도착
약 2시간 (요금 : MOP 160~)

마카오 반도 내
주요 호텔

마카오 반도
Macau Peninsula

로우케이
Lou Kei

Av. de Horta e Costa

운람
Un Lam

까사 가든
Casa Garden

룬키 창펀
Lun Kee
Cheung
Fun Rice Roll

까모에스 공원
Jardim e Gruta de Camões

트라이앵글 커피 로스터
Triangle Coffee Roaster

성 안토니오 성당
Igreja de Santo António

메르세아리아 포르투게자
Mercearia Portuguesa

성 라자루 성당구
Igreja de S. Lázaro Perto

마카오 페리 터미널
Macau Ferry Terminal

싱글 오리진
Single Origin
Pour Over and
Espresso Bar

나차 사원
Na Cha
Temple

몬테 요새
Fortaleza
do Monte

기아 요새
Fortaleza da Guia

마카오 반도
중심지

성 도밍고스 성당
Igreja de São Domingos

라이케이
Lai Kei Sorvetes

Av. de Almeida Ribeiro

블룸 커피 하우스
Bloom Coffee House

삼카이뷰쿤 사원
Sam Kai Vui Kun

로자 다스 콘세르바스
Loja Das Conservas

세나도 광장
Largo do Senado

대성당
Igreja da Sé

쑤안라펀

Av. do Dr. Rodrigo Rodrigues

뉴 야오한 백화점
New Yaohan

로우케이
Lou Kei

Avenida da Amizade

R. do Alm. Sergio

Av. do Infante Dom Henrique

Avenida Doutor Mario Soares

성 로렌스 성당
Igreja de São Lourenço

그랜드 리스보아
Grand Lisboa

포르투기즈
베이커리 커피숍
Portuguese Bakery Coffee Shop

평웨이주
Feng Wei Ju

무어리시 배럭
Quartel dos
Mouros

릴라우 광장
Largo do Lilau

로부숑 오 돔
Robuchon au Dome

윙 레이
Wing Lei

Av. Panoramica do Lago Nam Van

디 에이트 레스토랑
The 8 Restaurant

아 로차
A Lorcha

펜하 성당
Capela de
Nossa Senhora
da Penha

더 키친
The Kitchen

원 마카오
Wynn Macau

돔갈로
Dom Galo

아마 사원
A-Ma Temple

누들 앤 콘지
Noodle & Congee

알리 커리 하우스
Ali Curry House

MGM 마카오
MGM Macau

마카오 타워
Macau Tower

360° 카페
360° Café

Av. Dr. Sun Yat-Sen

트라이앵글 커피 로스터
Triangle Coffee Roaster

남핑 카페
Nam Ping Café

R. de Dom Belchior Carneiro

나차 사원
Na Cha Temple

성 바울 성당 유적
Ruínas de São Paulo

카페 필로
Cafe Philo Slow Coffee & Espresso Bar

철병호
홍형 코코넛
Cocos Hung Heng

마카오 반도 중심지
Macau Peninsula

몬테 요새
Fortaleza do Monte

소피텔 마카오 앳 폰테
16 Sofitel Macau At Ponte 16

R. das Estalagens

타이레이 로이케이
Tai Lei Lou Kei

파스텔라리아 코이 케이
Pastelaria Koi Kei

문예문
A Porta Da Arte

초이헝유엔 베이커리
Choi Heong Yuen Bakery

육포 거리
Rua de S. Paulo

Av. de Almeida Ribeiro

R. da Felicidade

청케이
Loja Sopa de Fita Cheong Kei

토우 토우 코이
Tou Tou Koi

펠리시다데 거리
Rua da Felicidade

R. dos Mercadores

카페 드 노보 토마토
Cafe de Novo Tomato

성 도밍고스 성당
Igreja de São Domingos

이슌 밀크 컴퍼니
Leitaria I Son

항우
Hang Yau

어묵 거리
Rua de S. Domingos

윙치케이
Wong Chi Kei

로우카우 맨션
Casa de Lou Kau

로자 다스 콘세르바스
Loja Das Conservas

삼카이뷰쿤 사원
Sam Kai Vui Kun

깐마이
Kam Wai Beef Offal

시우바 카페
Silva Café

카페 오문
Café Ou Mun

자비의 성채
Santa Casa da Misericórdia

대성당
Igreja da Sé

카오 카오 찬
Dumpling Town

세나도 광장
Largo do Senado

레알 세나도 빌딩
Edificio do Leal Senado

그린스
Greens kitchen & Juicy

캐시드랄 카페
Cathedral Café

에스카다
Restaurante Escada

로버트 호 퉁 경의 도서관
Biblioteca Sir Robert Ho Tung

성 아우구스티노 성당
Igreja de Santo Agostinho

Av. da Praia Grande

찬콩케이
Chan Kong Kei
Casa de Pasto

상 레이
Sang Lei

돔 페드로 5세 극장
Teatro D. Pedro V

마가렛츠 카페 이 나타
Margaret's Café e Nata

테라 커피 하우스
Terra Coffee House

Av. do Infante Dom Henrique

뉴 야오한 백화점
New Yaohan

성 로렌스 성당
Igreja de São Lourenço

Avenida Doutor Mario Soares

마카오의 View

높은 곳에서 바라보는 낮은 풍경

화려한 호텔이 촘촘히 들어선 코타이 스트립과 달리 마카오 반도는 고만고만한 크기의 낮은 건물들이 도토리 키재기를 하는 곳이다. 그래서 조금만 높이 올라가도 시간이 멈춘 시가지 풍경이 한눈에 들어온다. 때 묻은 거리와 이끼 낀 건물들을 발아래로 내려다보노라면 왠지 모를 포근함마저 느껴진다. 마카오 반도 시내가 내려다보이는 전망대를 소개한다.

마카오 타워 澳門旅遊塔 Macau Tower | 타워

1999년 중국 반환 직후 계획이 되어 2001년에 문을 열었다. 마카오 반도에서는 유일하게 21세기에 세워진 건물로 반환 이후 새롭게 시작하는 마카오를 상징한다. 건물의 58층에는 실내 전망대, 61층에는 야외 전망대가 있는데 어디로 향하든 마카오 반도는 물론 날씨가 좋을 때면 저 멀리 타이파와 콜로안까지도 비교적 선명히 보인다. 익사이팅 체험을 원한다면 아시아에서 가장 높다는 223m의 번지점프나 건물 외벽에 붙은 유리 데크를 걸어보는 스카이워크도 도전해볼 만하다.

📍 아마 사원 버스 정류장A Ma Temple에서 MT4 버스 탑승 후 마카오 타워 버스 정류장Torre/Tunel Rodoviarios 하차, 약 20분

🕐 월~금요일 10:00-21:00, 토~일요일 09:00-21:00

MOP 전망대 MOP 165, 번지점프 MOP 3358, 스카이워크 MOP 888

@ www.macautower.com.mo

몬테 요새

大炮台 Fortaleza do Monte │ 역사 유적 │

17세기 중국인들이 제단으로 지은 것을 포르투갈인들이 요새로 재건했다. 완공 이후 요새의 포가 중국 본토를 향했음이 밝혀지며 중국과 포르투갈 사이에 팽팽한 긴장이 조성되기도 했었다. 20세기에 들어서 총독 관저, 군용 막사, 수용소, 기상관측소 등 다양한 용도로 활용되어오다 중국 반환 이후 시민들을 위한 공원으로 변신했다. 요새 난간에 기대면 우뚝 솟은 그랜드 리스보아 호텔을 중심으로 야트막한 도시의 전경이 펼쳐진다. 가을밤에는 '마카오 국제음악축제'가 열려 도심 속 문화 기지로도 각광받는다.

📍 성 바울 성당 유적에서 도보 약 10분
🕐 07:00-19:00

펜하 성당

主教山小堂 Capela de Nossa Senhora da Penha │ 성당 │

지대가 높고 이동에도 시간이 꽤 소요돼 여행객이 선호할 만한 코스는 아니지만 그럼에도 몇몇 여행자들이 물어물어 찾을 만큼 마카오다운 매력이 가득한 곳이다. 관광지에서 다소 떨어진 조용한 주택가 언덕길을 오르다 뒤를 돌아보면 저 아래로 잔잔한 남반 호수가 보이기 시작한다. 그리고 마침내 언덕 꼭대기 성당에 도착하면 마카오에서 가장 평화로운 마을 풍광이 눈앞에 펼쳐진다. 펜하 성당은 1622년 네덜란드와의 해상전에서 포로로 끌려간 이들이 탈출해 감사 기도를 올린 곳이다. 꼭대기에는 아기 예수를 안은 성모마리아가 구원의 눈빛으로 마을을 내려다보고 있다.

📍 세나도 광장에서 릴라우 광장을 지나 도보 약 20분
🕐 09:00-18:00

기아 요새

東望洋炮台 Fortaleza da Guia │ 역사 유적 │

마카오에서 가장 높은 곳에 있는 요새로 94m 높이의 언덕에 오르면 신록이 우거진 마을 전경이 파노라마 뷰로 펼쳐진다. 해적으로부터 내륙을 보호할 목적으로 세워졌지만 실제 전투에서는 단 한 번도 사용된 적이 없어 요새라는 이름이 무색할 만큼 아기자기한 모습이다. 전망대 바로 옆에 있는 하얀색 기아 등대는 1865년에 지어진 중국 해안 최초의 현대식 등대로, 현재도 등대로 사용 중이기 때문에 안으로 들어갈 수 없다. 케이블카를 타고 언덕을 오르는 동안 마카오 시내의 고즈넉한 풍광을 발아래로 내려다볼 수 있다.

📍 마카오 페리 터미널에서 12,32번 버스 승차 후 정류장 Jardim Flora 하차 / 케이블카탑승소까지 보도 약 1분
🕐 요새 09:00-18:00, 케이블카 화~일요일 08:00-18:00 / 월요일 휴무
MOP 케이블카 편도 MOP 2, 왕복 MOP 3

유네스코 세계문화유산 탐방
마카오를 걷다

아시아에서 가장 오랜 가톨릭 역사를 간직한 마카오에는 도시 곳곳 수백 년 세월을 머금은 유적들이 많다. 그중 유네스코 세계문화유산으로 등재된 곳은 건물 22곳과 광장 8곳까지 총 30곳이다. 세계문화유산 지구는 세나도 광장을 중심으로 북쪽과 남쪽 2개의 파트로 크게 나눌 수 있으며 주요 시설만 돌아본다면 2시간이면 넉넉하다. 골목골목 숨은 역사의 흔적을 찾아 도보 여행길에 나서보자.

✦ NORTH PART ✦

세나도 광장
議事亭前地 Largo do Senado │ 광장 │

마카오 반도 어디든 이곳을 지나지 않고는 움직일 수 없어 여행의 구심점이 되는 곳이다. 바닥에 깔린 검은색과 하얀색 물결무늬의 칼사다Calçada 타일과 주변의 파스텔 톤 건물들이 유럽의 소도시를 떠올리게 한다. 광장 한가운데 놓인 분수대를 자세히 보면 1493년 교황 알렉산더 6세에 의해 탄생한 교황 자오선이 표시되어 있다. 이 선을 중심으로 신대륙의 동쪽은 포르투갈, 서쪽은 스페인이 점령했으니 마카오의 기나긴 식민 역사 역시 이 선과 함께 시작되었다고 볼 수 있다. 해가 지면 붉은색 조명이 은은히 깔려 로맨틱한 분위기가 고조된다.

📍 그랜드 리스보아 호텔에서 도보 8분

🕐 24시간 개방

성 도밍고스 성당
玫瑰堂 Igreja de São Domingos | 성당 |

1587년에 도미니크 수도회의 멕시코 출신 사제들이 중국 내 가톨릭 전파를 목적으로 지었다. 건립 당시에는 작은 목조 교회였으나 17세기에 접어들며 밝은 크림색의 바로크풍 건물로 거듭났다. 오랜 세월 군사 시설, 관공서, 창고 등으로 사용되다 1997년 반환을 앞두고 다시 성당으로서의 제 모습을 찾았다. 매년 5월 13일이면 이곳에서 출발해 펜하 성당까지 성모상을 옮기는 파티마 성모 행진이 열리는데 아시아에 이처럼 오랜 가톨릭 행사가 열린다는 사실만으로도 세간의 주목을 받고 있다.

📍 세나도 광장에서 도보 약 2분
🕐 10:00-18:00

자비의 성채 仁慈堂 Santa Casa da Misericórdia | 성당 |

1569년에 설립되어 450여 년의 역사를 간직한 마카오의 최고령 건물 중 하나다. 마카오의 첫 번째 주교인 돈 벨키오르 까네이로가 자선 활동을 위해 설립한 것으로 지금으로 치면 적십자에 해당한다. 건물 옆 문을 따라 안으로 들어가면 당시의 선교 활동과 관련된 유물이 전시된 박물관이 나온다. 마카오에 기독교가 어떻게 자리를 잡았는지에 대한 상세한 기록이 많아 기독교 문화에 관심이 있다면 둘러볼 만하다.

📍 세나도 광장에서 도보 약 1분
🕐 박물관 화~일요일 10:00-12:30, 14:30-17:30 / 월요일 휴관
MOP 박물관 MOP 5

삼카이뷰쿤 사원 三街會館 Sam Kai Vui Kun | 도교 사원 |

세나도 광장을 중심으로 북쪽과 남쪽 대로는 마카오에서 가장 짙은 포르투갈의 흔적이 남은 곳이지만 서쪽 대로는 이곳이 진짜 포르투갈의 식민지였나 의아할 만큼 중국 색으로 가득한 거리다. 삼카이뷰쿤 사원은 우리 식으로 하면 일종의 삼거리 회관인데 과거 중국 상인 조합으로 운영되던 곳이다. 조합이 해체된 후에는 <삼국지>의 관우를 모시는 도교 사원으로 운영되고 있다.

📍 세나도 광장 도보 약 1분
🕐 08:00-18:00

로우카우 맨션 盧家大屋 Casa de Lou Kau | 역사 유적 |

19세기 후반 이 지역 최고의 부호였던 로우카우의 저택으로 청나라 말기 유행하던 '시관' 타입으로 건물 가운데 네모반듯한 중정이 있고 그 둘레를 6개의 방이 둘러싼 형태로 지어졌다. 단순 주택으로 보이지만 중국식 건축 베이스에 스테인드글라스 같은 유럽의 인테리어 기법이 가미되어 건축학적으로나 역사적으로 보존되어야 할 가치를 인정받았다.

📍 성 도밍고스 성당에서 도보 약 2분
🕐 화~일요일 10:00-18:00(17:30 입장 종료) / 월요일 휴관

대성당 大堂 Igreja da Sé | 성당 |

한국과 일본, 중국 등 동아시아의 가톨릭 본당으로 1622년에 지어졌는데, 처음에는 목조 건물로 지어졌으나 1650년 태풍으로 무너진 후 130여 년에 걸친 공사 끝에 1780년 석조 건물로 재건되었다. 오늘날과 같은 의젓한 성당으로서의 모습을 되찾은 건 150여 년 후인 1937년의 일이다. 성당 앞에는 작은 분수가 세워진 광장이 있으며 도보 여행 중 잠시 앉아 쉬어 가기 좋은 곳이다.

📍 로우카우 맨션에서 도보 약 2분
🕐 07:30-18:30

나차 사원 哪吒廟 Na Cha Temple | 도교 사원 |

아시아에서 규모가 가장 큰 기독교 유산인 성 바울 성당 바로 옆에 있는 작은 도교 사원이다. 1888년 도시 전역에 전염병이 돌자 이를 해결하기 위해 정부 차원에서 지은 것으로, 성당과 사원이 사이좋게 수백 년을 함께 지내온 것만으로도 종교에 관대했던 당시의 풍토가 짐작이 간다. 사원 옆 쓰러질 듯 낡은 벽은 1500년대 포르투갈인들의 주거지를 보호했던 것으로 500여 년이 흐른 지금도 거뜬히 남아 있다는 사실이 놀랍다.

📍 성 바울 성당 유적에서 도보 1분
🕐 08:00-17:00

성 바울 성당 유적 大三巴牌坊 Ruínas de São Paulo | 역사 유적 |

마카오의 상징을 자처하는 여러 랜드마크 중에서도 이견 없이 도시의 상징으로 꼽히는 유적이다. 1580년 설립 이후 1595년과 1601년 그리고 1835년까지 세 번의 커다란 화재를 맞으며 모두 불타 성당이라는 말이 무색할 만큼 전체 건물의 전면부만 남게 되었다. 그럼에도 여전히 당당한 모습이 화재 전 성당의 웅장한 규모를 짐작케 한다. 성당 전면부에는 예수의 탄생부터 부활에 이르기까지 갖가지 상징이 은유적으로 새겨져 있고 성당 지하에 있는 예술 박물관Meseu de Arte Sacra에는 화재에도 그을음 하나 없이 산야남을 처사장 미구엘의 그림과 순교자들의 유골이 전시되어 있다. 기독교 역사에 관심이 있다면 가장 흥미로울 곳이 바로 성 바울 성당 유적이다..

📍 세나도 광장에서 도보 약 8분
🕐 천주교 예술 박물관 수~월요일 09:00-18:00, 화요일 09:00-14:00

성 안토니오 성당

聖安多尼堂 Igreja de Santo António | 성당 |

1560년에 지어진 마카오에서 가장 오래된 성당이다. 설립 당시에는 작은 목조 건물이었으나 1930년 대대적인 보수공사를 통해 오늘날과 같은 멋스러운 석조 건물로 거듭났다. 식민 시절에는 포르투갈인들의 결혼식장과 장례식장으로 사용되면서 주변에 꽃이 많아 '꽃의 교회'라 불리기도 했다. 한국 최초의 가톨릭 사제인 김대건 신부가 천주교 박해를 피해 신학 공부를 했던 곳으로, 성당 내부에 김대건 신부의 목상이 있어 한국인 여행객들에게는 조금 더 특별한 장소다.

📍 성 바울 성당 유적에서 도보 약 4분
🕐 07:30-17:30

까사 가든 東方金會會址 Casa Garden │역사 유적│

식민지 시절 포르투갈의 건축양식을 고스란히 보여주는 대저택으로 1770년 당시
향신료 업계를 주름잡았던 상인이자 징지인이었던 마누엘 페레이라의 별장으로 지
어졌다. 하얀 바탕에 붉은 금이 그어진 독특한 외관과 저택 앞 꽃이 만발한 정원이
지금도 사람이 살고 있는 듯한 착각을 불러일으킨다. 1779년부터 동인도회사 공관
과 박물관으로 사용되다가 현재는 동방기금회 관리 건물로 사용 중이다.

📍 성 안토니오 성당에서 도보

🕐 09:30-18:00

까모에스 공원 白鴿巢公園 Jardim e Gruta de Camões │공원│

오래된 건물들이 빽빽이 들어선 마카오 반도 중심가에서 푸름이 우거진 숲속 공
원이다. 포르투갈에서 추방당한 후 마카오에 정착했던 시인 루이스 까모에Luis de
Camoes를 기리는 곳으로 정글과 같은 숲길을 거닐며 산림욕을 만끽할 수 있고 마
작을 두거나 체조를 하는 마카오 시민들의 평범한 일상을 접할 수 있다. 공원 안쪽
깊숙한 곳에 김대건 신부의 동상이 있어 한국인 여행객들이 종종 들른다.

📍 까사 가든에서 도보 약 1분

🕐 06:00-22:00

◈ SOUTH PART ◈

레알 세나도

民政總署大樓 Edifício do Leal Senado │역사 유적│

세나도 광장을 등지고 길 맞은편에 우뚝 솟은 하얀색 건물이다. 1784년 건설 당시
마카오 행정부로 쓰였던 곳으로 현재에도 일종의 시의회인 민정총서 청사로 활용되
고 있다. 이제는 더 유명한 세나도 광장의 이름은 사실 레알 세나도에 딸린 광장이라
는 뜻, 서울 시청 앞 광장과 비슷하다고 보면 된다. 중국과 포르투갈의 건축 방식이
모두 들어간 건물의 외관이 이 도시의 복잡한 정체성을 대변해준다.

📍 세나도 광장 맞은편에서 도보 약 1분

🕐 전시관 화~일요일 09:00-21:00 / 월요일 휴관

로버트 호 통 경의 도서관

何東圖書館 Biblioteca Sir Robert Ho Tung │역사 유적│

19세기 말 마카오 대부호의 집을 홍콩 출신의 또 다른 부호 로버트 호 통이 사들여
별장으로 사용하던 곳이다. 제2차 세계대전 당시 일본 군을 피해 가족과 함께 홍콩
을 탈출한 그가 이 곳에 머물며 생활했었다. 종전 후 로버트 호 통은 홍콩으로 돌아
가며 저택을 마카오 정부에 기증했는데 1956년 사망 이후 유언에 따라 1956년부
터 그의 이름을 딴 도서관으로 사용 중이다. 마카오에서는 보기 드문 공립 도서관이
다.

📍 레알 세나도 빌딩에서 뒤쪽 골목길로 도보 약 4분

🕐 10:00-19:00, 일요일 11:00-19:00

성 아우구스티노 성당

聖奧斯定堂 Igreja de Santo Agostinho | 성당 |

1591년 지어진 마카오에서 네 번째로 오래된 성당으로, 유럽이 아닌 중국에 지어지면서 마카오의 성당들은 본연의 건축법에서 살짝 다른 양식이 사용되었다. 성 아우구스티노 성당은 성당 건축에 서툴렀던 중국인들의 실수로 중앙의 대좌가 중국 전통의 신주 모양으로 지어졌는데, 이를 통해 당시 사회가 두 나라의 전통과 문화가 조화롭게 수용되던 사회였음을 알 수 있다. 성당을 끼고 자리한 성 아우구스티노 광장은 작은 규모지만 나무 아래 작은 노점과 벤치가 있어 잠시 쉬어 가기에 좋다.

📍 로버트 호 퉁 경의 도서관에서 도보 약 2분

🕐 10:00-18:00

돔 페드로 5세 극장

伯多祿五世劇院 Teatro D. Pedro V | 역사 유적 |

1860년 완공된 마카오 최초이자, 아시아 최초의 서양식 극장이다. 아시아 최초로 오페라 '나비부인'이 공연되는 등 명성을 날리던 시절도 있었으나, 제2차 세계대전 발발 후 피난처로 쓰이며 건물이 훼손되는 등 화려했던 극장으로서의 모습은 지워지고 말았다. 지금은 중국 반환 이후 다시 유럽의 대극장처럼 웅장하고 화려한 모습으로 탄생했다. 공연이나 전시가 없을 때는 내부 구경을 할 수 없다.

📍 성 아우구스티노 성당에서 도보 약 1분

무어리시 배럭 港務局大樓 Quartel dos Mouros | 역사 유적 |

1874년 이탈리아의 건축가 카슈토Cassuto가 설계한 건물로 마카오에 거주 중인 포르투갈 사람들을 보호하고 도시의 치안을 강화하기 위해 지어진 일종의 경찰서와도 같은 곳이다. 인도의 고아Goa에서 파병 온 군인들의 주거지이기도 했는데, 신고전주의 건축 베이스에 인도 무굴제국의 전통 문양이 들어가 유럽과 중국, 더불어 인도까지 다양한 문화의 혼재를 보여준다. 현재 마카오 해사 행정국으로 사용되고 있어 일반인은 출입을 할 수 없다.

📍 릴라우 광장에서 도보 약 4분

릴라우 광장

亞婆井前地 Largo do Lilau | 광장 |

광장이라는 말이 무색할 정도로 작은 공원이다. '릴라
우의 물을 마시면 절대 마카오를 잊지 못한다'라는 포
르투갈 동요의 배경이 되는 곳으로 실제로 공원 한쪽
에 아이 얼굴 모양의 수로와 샘물이 있다. 작은 골목
사이에 애써 공간을 내 나무를 심고 샘물을 만든 포르
투갈인들에게 경의를 표하고 싶을 만큼 정이 가는 곳
이다. 급한 일이 없다면 잠시나마 앉아 쉬어 가길 추천
하는 풍경화 속 같은 곳이다.

📍 성 로렌스 성당에서 도보 약 4분

성 로렌스 성당 聖老楞佐堂 Igreja de São Lourenço | 성당 |

1560년에 지어진 신고전주의 양식의 성당으로 본래 목조 건물이었던 것을 1846년
에 석조 건물로 탈바꿈시키며 오늘날과 같은 멋스러운 모습으로 재탄생했다. 식민
초기 낯선 곳에 터를 잡았던 포르투갈 선원들은 바다에 나가기 전 이 곳에 들러 무사
귀환을 기원했다. 현재도 마카오 시민들에게는 언제나 열린 곳으로 광둥어와 북경
어, 영어의 3가지 버전 미사가 번갈아가면서 진행된다.

📍 돔 페드로 5세 극장에서 도보 약 5분

🕐 10:00-16:00

아마 사원 妈阁庙 A-Ma Temple | 도교 사원 |

마카오의 도교 사원 중 가장 오랜 역사를 지닌 곳으로 1488년에 지어졌다. 도교는
바다의 신을 모시는 중국의 전통 신앙으로, 바다에 둘러싸여 어업이 주요 산업이었
던 마카오이기 때문에 도시 곳곳에서 도교 사원을 만날 수 있다. 아마 사원은 마카오
라는 도시 이름의 탄생에 큰 기여를 한 곳으로 전해지는데, 광둥어에 익숙하지 않던
포르투갈인에는 아마 사원의 광둥어 발음 '마꼭'이 '마카우'처럼 들렸던 것. 그 뒤로
마카우가 자연스럽게 동네 이름이 되었고 현재는 영어 표현인 '마카오'가 도시의 공
식 명칭이 되었다. 좁은 골목을 빠져나와 탁 트인 광장을 마주한다는것 만으로도 상
쾌함이 느껴진다.

📍 무어리시 배럭에서 도보 약 3분

🕐 07:00-18:00

마카오 반도의 랜드마크 VS 도시 미관을 해치는 건축물

그랜드 리스보아

澳門新葡京酒店 Grand Lisboa | 호텔 |

홍콩 출신의 갑부 스탠리 호何鴻燊 Stanley Ho가 마카오에 처음 건설한 카지노 호텔이다. 이 호텔을 필두로 마카오 곳곳에 초대형 호텔들이 들어서기 시작했으니 연간 14조 원에 이르는 카지노 호황의 견인차 역할을 한 호텔이 그랜드 리스보아라고 해도 과언이 아니다. 반짝반짝 빛나는 황금색 외관과 목을 한껏 꺾어도 끝이 보이지 않는 엄청난 규모가 이 건물의 위용을 말해준다. 마카오를 소개하는 잡지나 TV 프로그램에 빠지지 않고 등장하지만 반대로 도시경관을 망친다는 평가도 잇따라서 지난 2011년 호주의 여행 전문 사이트인 '버추얼 투어리스트 닷 컴 Virtualtourlist.com'이 선정한 세계 10대 흉물스러운 건축물에 포함되는 굴욕을 맛보기도 했다. 평가야 어찌됐든 꼬불꼬불한 골목이 많은 지리적 특성상 마카오 반도에서는 자칫 길을 잃기 쉬운데 그럴 때마다 고개를 들어 우뚝 솟은 그랜드 리스보아만 찾으면 되기 때문에 마카오 반도에서 아주 중요한 지표로 자리 잡았다. 마카오 반도 어디에서든 이 황금색 건물 방향으로 쭉 걸어가면 중심가인 세나도 광장에 이를 수 있다.

📍 세나도 광장에서 도보 약 10분

@ www.grandlisboa.com

Soul of Macau, Macanese

매캐니즈, 음식에 담긴 마카오의 정체성

한 나라의 음식에는 그곳 사람들의 영혼이 담겨 있기 때문에 먹는다는 행위는 배를 채우기에 앞서 다른 문화를 이해하고 받아들이는 일련의 과정이라고들 한다. 450년 간이나 중국과 포르투갈의 문화가 공존해온 마카오에는 이들의 혼란스러운 역사를 고스란히 담은 퓨전 요리가 전통이라는 이름으로 자리 잡았으니 오늘날 여행객들이 마카오를 기억하는 이름 '매캐니즈'다.

대항해시대 마카오로 향하는 포르투갈 상인들의 배 안에는 아프리카와 인도를 지나 며 닥치는 대로 사들인 향신료와 식재료들이 실려 있었고, 마카오에 도착했을 때 그 들은 고향의 전통 요리에 새로운 식재료를 혼합해 맛을 재창조해냈다. 매캐니즈 요리가 다른 나라의 전통 요리에 비해 비교적 거부감 없이 즐길 수 있는 것은 이렇게 다양한 민족의 다양한 입맛이 적절히 혼재된 덕이다. 전통은 머물러 있음을 의미하지만 매캐니즈는 지금도 변화하고 있다. 그러니 이 도시에 머무는 동안 가능한 한 많은 매캐니즈 레스토랑에서 많은 메뉴들 먹어보길 권한다. 그 어떤 요리도 같은 맛이 없음을, 그리고 이 변화무쌍한 맛의 세계가 바로 마카오 고유의 전통임을 깨닫게 될 것이다.

아프리칸 치킨 非洲雞 Galinha Africana

그릴에 구운 닭고기 위에 허브와 고추를 배합한 피리 피리 양념을 뿌려 먹는 방식이다. 식당마다 조리법이 달라서 탄두리 치킨처럼 화덕에 굽거나 프라이드치킨처럼 튀긴 닭을 사용하는 곳도 있다.

해물밥 葡式燴海鮮飯 Arroz de Marisco

토마토 퓌레에 오징어, 새우, 홍합 등의 해산물과 밥을 넣고 팔팔 끓여낸 것으로 해물 특유의 시원한 맛이 향긋한 토마토와 훌륭한 조화를 이룬다. 우리나라의 국밥처럼 한 끼 든든히 먹을 수 있는 요리다.

바칼라우 크로켓 馬介休 Bacalhau

대구 살과 감자를 다진 후 튀겨낸 것으로 마카오에서 가장 흔한 요리 중 하나다. 바삭한 식감과 짭조름한 맛 덕에 맥주 안주로 잘 어울리며 커리 등의 향신료를 넣은 종류도 있다.

바지락 볶음 葡式炒蜆 Amêijoas à Bulhão Pato

올리브 오일에 볶아낸 바지락조개와 레몬, 마늘 등을 냄비에 넣고 끓여낸 것으로 우리나라의 조개탕보다 조금 더 깊은 풍미가 느껴진다. 마늘이 넉넉히 들어 있어 한국인의 입맛에도 잘 어울린다.

커리 크랩 咖喱炒蟹 Caril de Caranguejo

베트남 머드 크랩, 커리, 코코넛 밀크와 각종 채소를 넣고 볶아낸 후 단단한 껍질 속의 게살을 발라먹는다. 태국의 풋팡퐁 커리와 비슷한 맛이지만 태국보다 인도의 영향을 많이 받은 요리다.

오리밥 葡式焗鴨飯 Arroz de Pato

얇게 썬 오리고기 위에 밥을 얹고 다시 그 위에 베이컨과 소시지를 얹은 후 오리고기 육수를 부어 구워낸 요리다. 고소하고 담백한 맛이 일품이며 위에 치즈 토핑을 얹은 종류도 있다.

오징어 샐러드 八爪魚沙律 Salada de Calamares

얇게 썬 데친 오징어에 양파, 올리브, 붉은 고추 등의 채소를 적절히 넣은 후 레몬 즙을 뿌려 먹는 샐러드로 쫄깃한 오징어 살과 아삭한 채소, 상큼한 레몬의 풍미가 일품이다.

세라두라 木糠布甸 Serradura

부드러운 생크림과 고소한 쿠키 가루를 층층이 쌓아올린 디저트용 케이크로 특유의 달콤함과 바삭함을 자랑한다. 고급 식당일수록 품질 좋은 생크림을 사용한다는 점을 기억하자.

몰로토프 蛋酥 Molotof

캐러멜 시럽을 바닥에 깐 후 그 위에 달걀 흰자를 올려 오븐에 구워낸다. 두부처럼 연하고 부드러운 식감과 캐러멜의 달콤한 맛이 환상의 궁합을 이룬다.

에스카다 Restaurante Escada

에스카다는 매캐니즈 레스토랑으로 우리나라 여행객들에게 특히 유명해서 언제 가도 손님의 절반 이상은 한국인이다. 대표 메뉴인 바지락 볶음은 소금에 절인 조개를 레몬 수프에 넣고 쪄낸 것으로 쫄깃한 조개의 식감과 시큼한 레몬 향이 절묘한 조화를 보여준다. 날씨 좋은 날 2층 테라스 자리에 앉으면 멋스럽고 여유로운 식사 시간을 누릴 수 있다.

🏠 8 R. da Se, Avenida de Almeida Ribeiro, Macau
🕐 12:00-15:00, 18:00-22:00
☎ +853 2896 6900
MOP 2인 기준 MOP 330~

카페 오문 澳門咖啡 Café Ou Mun

2008년 처음 문을 열었을 때부터 에스카다와 함께 꾸준히 한국인 여행객들의 사랑을 받아온 곳으로 캐주얼한 분위기와 달리 문어밥, 바칼라우 크로켓, 해물밥 등 비교적 정통에 가까운 매캐니즈 요리를 선보인다. 카페라는 이름에 걸맞게 꼭 식사가 아니어도 가볍게 커피와 다과를 즐기기에도 좋은 곳이다. 그날그날 메뉴가 달라지는 3코스의 점심 세트가 가장 유명하다.

🏠 12 Tv. de São Domingos, Macau
🕐 10:00-21:00
☎ +853 2837 2207
MOP 2인 기준 MOP 330~

알리 커리 하우스 亞利咖喱屋 Ali Curry House

세나도 광장이나 마카오 타워에서도 멀찌감치 벗어나 사이완 호수가 보이는 곳에 있는 레스토랑으로 무엇보다 한적한 호수 전망과 함께 여유로운 식사를 즐길 수 있어 좋다. 매콤한 태국식 칠리소스를 곁들여 먹는 항정살 구이가 이 집의 간판 메뉴이며 아프리칸 치킨이나 게 커리, 바지락 볶음 등 대표적인 매캐니즈 요리 모두 평타 이상의 맛을 보여준다.

🏠 Avenida da Republica no 4-K, Macau
🕐 12:30-22:30
☎ +853 2855 5865
MOP 2인 기준 MOP 150~

돔갈로 公雞葡國餐廳 Dom Galo

애써 찾지 않아도 한눈에 들어오는 컬러풀한 외관뿐
아니라 콜롬비아 출신의 아티스트 페르난도 보테로의
작품이 곳곳에 걸려 눈과 입이 모두 즐거운 레스토랑
이다. 공식 홈페이지에 한국어 안내가 있고 모든 메뉴
에 그림이 들어가 주문이나 예약도 간편하다. 토마토
퓌레에 오징어, 조개, 새우 등을 넣고 끓인 포르투갈식
해물밥이 가장 유명하지만 어떤 종류의 메뉴를 시켜
도 실패할 확률이 적은 곳이다.

🏠 36 Av. Sir Anders Ljungstedt, Macau

🕐 12:00-23:00

☎ +853 2875 1383

MOP 2인 기준 MO P300~

카페 드 노보 토마토 蕃茄屋美食 Cafe de Novo Tomato

성 바울 성당에서도 언덕을 따라 한참 올라야 닿는 주택가 골목길 한쪽에 여행객보
다 현지인들이 줄 서 먹는 레스토랑 카페 드 노보 토마토가 보인다. 허름한 외관과
달리 음식의 맛 하나만큼은 특급 레스토랑에 뒤지지 않는다. 금액도 저렴해 아프리
칸 치킨이나 바칼라우 크로켓, 디저트 케이크인 세라두라까지 수준급의 매캐니즈
한 상을 부담 없이 누릴 수 있다.

🏠 Macau Inclined Lane 4

🕐 11:30-22:00

☎ +853 2836 2171

MOP 2인 기준 MOP 100~

아 로차 船屋 A Lorcha

정통 포르투갈 스타일에 가까운 매캐니즈 요리를 선보이는 레스토랑으로 아마 사원
인근에 있다. 포르투갈 전통 배를 모방한 내부 인테리어에도 눈길이 가며 주인장도
친절해 마음 편히 식사를 즐길 수 있다. 음식의 맛도 뛰어나 마카오에서 포르투갈식
해물밥은 이 집을 따라올 곳이 없다고 소문이 났을 정도며 바칼라우 크로켓 같은 스
낵도 꽤나 훌륭한 맛을 자랑한다.

🏠 Av. Almirante Sergio, no. 289 AA, G/F, Macau

🕐 수~월요일 12:30-15:00, 18:30-23:00 / 화요일 휴무

☎ +853 2831 3193

MOP 2인 기준 MOP 180~

Taste of Travel

진짜 여행의 맛, 로컬 식당 도전!

엄밀히 따진다면 여행자에게 어필하기 위해 친절한 설명이 붙은 곳에서 마카오의 맛을 논할 순 없다.
그들이 일상 속에서 찾는 곳, 그래서 진짜 마카오의 맛이 자연스럽게 배어나는 곳, 이런 곳에서 왁자지껄 그들 틈에 어울려 한 끼를 먹고 나면
그제야 마카오에 와 있음이 실감 난다. 진짜 여행의 맛을 찾아 마카오의 부엌으로 들어가보자.

타이레이 로이케이

大利來記 Tai Lei Lou Kei │ 주빠바오 │

바게트 빵을 반으로 가른 후 숯불에 구운 두툼한 돼지 고기를 끼워 먹는 주빠바오는 마카오에서 흔하게 먹는 포르투갈식 간식이다. 채소나 소스 없이 오로지 불 맛 나는 고기 하나로 맛을 내지만 생각보다 맛도 좋고 양도 넉넉해 한 끼 식사로도 손색이 없다. 타이레이 로이케이는 오랜 세월 주빠바오 명가로 불려온 곳으로 마카오 반도 외 타이파의 쿤하 거리에도 지점이 있다.

🏠 25 R. de São Paulo, Macau
🕐 10:30-19:00
☎ +853 2836 6085
MOP 2인 기준 MOP 90~

찬콩케이 陳光記飯店

Chan Kong Kei Casa de Pasto │ 오리덮밥 │

식사 시간이면 대로변까지 길게 줄을 서는 찬콩케이는 로컬 식당 중에서도 현지인들의 입맛을 가장 잘 대변하는 곳이다. 주로 오리고기 요리를 판매하는데 가장 인기가 좋은 것은 하얀 쌀밥에 두툼하게 썬 오리고기를 얹어주는 오리덮밥이다. 국수나 죽보다 낯선 스타일인 만큼 적응하기 힘들 수 있지만 중국 요리를 즐길 줄 아는 여행객이라면 만족할 만한 요리다.

🏠 19 R. do Dr. Pedro Jose Lobo, Macau
🕐 09:00-다음 날 01:00
☎ +853 2831 4116
MOP 2인 기준 MOP 78~

청케이 祥記麵家

Loja Sopa de Fita Cheong Kei | 새우알 비빔면 |

펠리시다데 거리 인근에 있는 식당으로 이 집에서 우선적으로 맛봐야 할 메뉴는 새우알비빔면이다. 달걀 반죽으로 빚은 면 위에 새우 알과 굴 소스를 뿌려 먹는 방식인데 새우알의 짭조름한 맛과 달걀 면의 꼬들꼬들한 식감이 환상의 조화를 보여준다. 2017년부터 3년 연속 미슐랭 가이드 빕 그루망에 선정된 집으로서 언제 가도 긴 줄을 서야 할 만큼 인기가 좋다.

🏠 68 R. da Felicidade, Macau

🕐 11:30-24:00

☎ +853 2857 4310

MOP 2인 기준 MOP72~

로우케이

老記海鮮粥麵菜館 Lou Kei | 광동요리 |

그랜드 리스보아 호텔에서 멀지 않은 곳에 있는 광동요리 전문점으로 완탕면, 새우알비빔면, 게살죽 같은 가장 기본 요리들이 맛있기로 소문난 집이다. 마카오에는 로우케이와 비슷한 이름의 식당들이 워낙 많아 한자 간판을 잘 보고 찾아야 하지만 간판에 한자 記kei가 들어가면 대략 비슷한 맛을 내는 식당이니 어디든 들어가면 실패할 확률이 적다.

🏠 Travessa De Inacio Sarmento De carvalho, N.29/C, Loja R, Praia Grande

🕐 11:00-다음 날 05:00

☎ +853 2871 0018

MOP 2인 기준 MOP 80~

운람 園林小食店 Un Lam | 국수 |

카레 육수에 소고기가 넉넉히 들어간 독특한 스타일의 국수를 선보이는 곳이다. 매콤한 카레 육수를 한껏 머금은 가느다란 면발과 부드러운 소고기가 훌륭한 조화를 이룬다. 마카오 반도 최대 중심가인 세나도 광장에서 도보로 약 20분가량 소요되니 살짝 멀기도 하고 찾기도 쉽지 않지만 국수맛이 워낙 뛰어나 물어물어 찾아온 고생이 보상받고도 남는다.

🏠 R. de Fernao Mendes Pinto, Macau
🕐 10:00-20:00
☎ +853 2852 6900
MOP 2인 기준 MOP 68~

카페 필로 Cafe Philo Slow Coffee & Espresso Bar | 커피 |

성 바울 성당 뒤편 사람이 거의 다니지 않는 한적한 주택가에 들어선 카페 필로는 인테리어가 눈에 띄거나 커피가 유난히 맛있는 곳은 아니지만 도시 여행 중 잠시 들러 쉬어 가기 좋은 포근한 공간이다. 친구들과 수다를 떠느라 손님이 들어오는지도 모르는 주인장 덕에 정감 어린 공기마저 감돈다. 주인장의 배짱이 이해가 될 만큼 커피의 맛도 꽤나 수준급이다.

🏠 Rua dos Artilheiros No.17B, Macau
🕐 12:00-19:30
MOP 플랫 화이트 MOP 38, 초콜릿 라테 MOP 35

윙치케이 黃枝記 Wong Chi Kei | 국수 |

1946년에 문을 연 후 완탕면의 원조인 홍콩까지 진출해 원조를 뛰어넘는다는 평가를 받고 있는 국숫집이다. 2층으로 올라가는 계단 사이에도 테이블을 놓았을 만큼 현지인과 여행객 모두에게 인기가 좋다. 대표 메뉴인 완탕면은 수타로 뽑아낸 달걀 반죽 면의 쫄깃한 식감과 시원한 국물의 조화가 일품이다. 양이 살짝 부족해 성인 남자라면 짜완탕 등 스낵 메뉴를 추가하는 편이 좋다.

🏠 17 Senado Square, Macau
🕐 월~토요일 08:30-다음 날 01:30, 일요일 08:30-24:00
☎ +853 2833 1313
MOP 2인 기준 MOP 84~

파스텔라리아 코이 케이

鉅記手信 Pastelaria Koi Kei | 과자, 육포 |

성 바울 성당 앞 골목 양옆으로 육포와 과자를 파는 상점들이 쭉 들어서 있다. 소위 육포 골목이라 부르는 이곳에서 가장 유명한 과자 브랜드가 바로 파스텔라리아 코이 케이다. 에그롤, 육포 등 이곳에서 판매하는 다양한 간식거리 중 가장 인기가 좋은 것은 아몬드 쿠키다. 식감이 다소 뻑뻑하지만 특유의 고소한 맛 덕에 찾는 이가 많다. 어떤 종류의 과자든 시식 후 선택할 수 있다.

🏠 34 Rua de S. Paulo, Macau
🕐 11:00-22:00
☎ +853 2832 9300
MOP 아몬드 쿠키 MOP 50~, 육포 MOP 70~

그린스 綠廚房 Greens kitchen & Juicy | 스낵 |

디톡스 다이어트에 관심이 있다면 주목할 만한 곳, 마카오 최초로 유기농 주스와 자연주의 요리를 선보이는 카페다. 원재료의 영양소를 최대한 파괴하지 않는 Nonwalk 주서리를 이용해 만드는 주스에는 2kg에 이르는 채소와 과일의 영양분이 고스란히 담겨 있다. 비기너부터 각 단계에 맞는 메뉴를 체계적으로 선보일 만큼 건강을 최우선으로 생각하지만 음식의 맛도 놓치지 않은 매력적인 카페다.

🏠 Calcada de Santo Agostinho 1-A, Macau
🕐 월~금요일 11:00-19:00, 토~일요일 11:00-18:00
☎ +853 6288 0870
MOP 주스 + 가벼운 스낵 세트 메뉴 MOP110~

캐시드랄 카페

大教堂咖啡 Cathedral Café | 브런치, 와인 |

세나도 광장을 정면에 두고 오른쪽 우체국 계단 길로 조금만 올라가면 식민지 시절의 클래식한 멋을 간직한 건물이 보인다. 카페 간판을 달았지만 술집에 더 어울리는 외형으로 실제로 해 질 무렵이면 와인과 곁들이기 좋은 음식을 판매한다. 워낙 일찍부터 문을 열어 조식을 즐기거나 오후에 가볍게 커피 정도를 즐기기에도 훌륭한 곳이다. 이탤리언 브런치, 스테이크, 바칼라우 크로켓 등 방문 시간에 따라 다양한 메뉴를 맛볼 수 있다.

🏠 12 R. da Se, Macau
🕐 07:30-22:00
☎ +853 6685 7621
MOP 2인 저녁 식사 기준 MOP 320~

시우바 카페 施恩咖啡 Silva Café │ 스낵 │

복잡한 골목길 안쪽 간판도 작아 눈에 잘 띄지 않지만, 그마저도 카페라기보다 식료품점에 가까운 외관이지만 알고 보면 시우바 카페는 마카오의 군것질거리를 가장 맛있게 만들어내는 내실 있는 가게다. 세라두라, 바칼라우 크로켓, 에그타르트는 물론 수탉 모양의 과자가 올라간 파르페 등 마카오의 대표 간식을 모두 맛볼 수 있다. 단, 공간이 좁아 테이크 아웃만 가능하다는 점이 아쉽다.

🏠 15 Tv. da Se, Macau
🕐 목~화요일 10:00-19:00 / 수요일 휴무
☎ +853 6332 0328
MOP 에그타르트 2개 MOP 15, 바칼라우 크로켓 2개 MOP 10

360°카페 360° Café │ 뷔페 │

마카오 타워 60층에 들어서 마카오에서 가장 높은 위치의 레스토랑이라는 타이틀을 얻었다. 인도, 중국, 태국 등 전 세계 다양한 요리로 구성된 품격의 뷔페 요리를 선보인다. 높은 곳에 있는 만큼 전망 하나는 두말할 필요가 없을 정도다. 90분마다 한 번씩 회전하기 때문에 느긋이 식사를 즐기다 보면 시간이 지남에 따라 색다른 풍경이 눈앞에 펼쳐진다.

🏠 60/F, Macau Tower Convention & Entertainment Centre
🕐 점심 뷔페 11:30-13:00, 13:30-15:00, 저녁 뷔페 18:30-22:00
☎ +853 8988 8622
MOP 점심 뷔페 MOP 308, 저녁 뷔페 MOP 520

초이헝유엔 베이커리

咀香園餅家 Choi Heong Yuen Bakerty │ 과자, 육포 │

파스텔라리아 코이 케이와 함께 마카오 과자점의 양대 산맥 중 하나다. 1935년에 처음 문을 연 후 3대째 이어지고 있으니 마카오에서 쿠키와 육포 유행을 선도한 브랜드라고 해도 과언이 아니다. 육포 골목뿐 아니라 타이파의 쿤하 바자Cunha Bazaar 등 마카오 시내 곳곳에 지점이 들어섰는데 어디든 파스텔라리아 코이 케이와 근거리에 있어 묘한 경쟁 구도를 이룬다.

🏠 28E Rua de S.Paulo, Macau
🕐 월~금요일 10:00-22:00, 토~일요일 11:00-22:00
☎ +853 2836 2122
MOP 아몬드 쿠키 MOP 50~, 육포 MOP 70~

쑤안라펀 酸辣粉 │ 국수 │

광둥 지방인 마카오에서 국수라고 하면 완탕면이나 탄탄면 정도가 가장 일반적이지만 쑤안라펀에서는 사천 지방의 얼큰한 국수를 맛볼 수 있다. 주문 방식이 살짝 독특한데 계란면白粉과 당면黑粉 중 하나를 선택한 후 국물의 매운 정도大辣, 中辣, 小辣를 선택한다. 그 후 숙주나 소고기 등 토핑 두세 가지를 추가하면 나만의 국수가 완성된다. 국수와 함께 먹기 좋은 연유빵도 인기가 좋다.

🏠 Shop K, G/F, Edificio Marina Plaza, R. de Xanghai, Porto Exterior, Macau
🕐 24시간 운영
☎ +853 2870 0077
MOP 2인 기준 MOP 160~

SOUVENIR

71

갖고 싶은 마카오

마카오 쇼핑 아이템

마카오는 홍콩처럼 명품이나 유명 브랜드 쇼핑이 발달한 도시가 아니다. 따라서 실용적인 생활 용품 위주로 쇼핑을 해야 하는데,
골목 골목 들어선 작은 소품점을 잘 공략하면 의외의 득템도 가능하다. 기념품이나 선물용으로 좋은 마카오의 쇼핑 품목을 소개한다.

✦ 무엇을 사야 할까 ✦

클라우스 포르토 & 카스텔벨 비누
Claus Port & Castelbel | MOP 100~

포르투갈 왕실에서 사용했다던 수제
비누로 천연 재료로 만든다. 포르투갈
에서 가장 유명한 두 브랜드 클라우스
포르토와 카스텔벨 모두 마카오에서
구입 할 수 있다.

쿠토 치약
Couto | MOP 15~

포르투갈의 국민 치약으로 불리는 쿠
토 치약. 불소와 파라벤을 넣지 않고 천
연 재료로 만든다. 입안 살균과 구취 제
거에 효과적이다.

구찌 코스메틱
Gucci | MOP 230~

아시아에서는 유일하게 홍콩과 마카오
에서만 공식 론칭한 구찌 코스메틱. 우
리나라 면세점에서 구입하는 것보다
종류도 다양하고 금액도 저렴하다.

베나모르 핸드크림
Benamor | MOP 90~

1925년 포르투갈의 약사가 개발한 화
장품 브랜드로 치약이 연상되는 독특
한 모양이다 악라투이 자카란다 등 독
특한 나무 향이 난다.

통조림
MOP 22~

대항해시대 해상 강국답게 포르투갈은
긴 항해에서 안전하게 먹을 수 있는 통
조림 문화가 발달한 나라다. 와인 안주
로도 좋고 빵에 발라 먹기도 좋은 각종
통조림을 만날 수 있다.

수탉 문양 아이템
MOP 30~

포르투갈에서 '정의'를 상징한다는 수
탉. 마그네틱, 오프너, 공예품 등 화려한
볏의 수탉을 모델로 한 각종 생활용품
을 만날 수 있다.

아몬드 쿠키
MOP 50~

마카오에서 가장 유명한 간식인 육포
와 아몬드 쿠키 중 우리나라에 반입 할
수 있는 것은 아몬드 쿠키다. 아몬드가
듬뿍 들어 흉내 낼 수 없는 고소함을 자
랑한다.

포르투갈 와인
MOP 60~

포르투갈은 전통적인 와인 강국. 마카
오에서는 와인 박물관이나 동네 슈퍼
마켓 등에서 포르투갈 와인과 마데이
라 등을 쉽게 구입할 수 있다.

뉴 야오한 백화점 新八佰伴 New Yaohan | 백화점 |

마카오 유일의 백화점이라는 특수성이 무색할 만큼 입점한 브랜드도, 눈에 띄는 아이템도 없던 이곳에 최근 한국인과 일본인 여행객들의 발길이 잦아졌다. 아시아에서는 홍콩과 마카오에만 정식으로 론칭 했다는 구찌 코스메틱이 이 백화점에 입점했기 때문인데, 그래서인지 가장 많은 사람이 몰리는 곳이 바로 구찌 코스메틱 매장이다. 립스틱의 경우 우리나라 면세점에서 판매하는 것과 같은 종류라 해도 구찌 브랜드 로고가 각인되어 조금 더 특별하다.

🏠 Av. Doutor Mário Soares No.90, Macau
🕐 10:30~22:00
☎ +853 2872 5338

메르세아리아 포르투게자 Mercearia Portuguesa | 잡화점 |

성 라자루 성당구 산책로 끝에 들어선 작은 소품점으로 하늘을 가린 커다란 나무와 그 아래 온통 노란색 건물 외관이 인상적이다. '포르투갈 식료품점'이라는 뜻의 이름 그대로 이곳에서 판매하는 모든 물품은 포르투갈에서 들어온 것들이다. 베나모르 핸드크림Benamor이나 카스텔벨 수제 비누Castelbel, 쿠토 치약Couto 등 실용적인 물건이 많고, 와인이나 잼, 필기도구 등 호기심을 자극하는 물건도 많다.

🏠 8 Calçada da Igreja de São Lázaro
🕐 월~금요일 13:00-21:00, 토, 일요일 12:00-21:00
☎ +853 2856 2708

로자 다스 콘세르바스 Loja Das Conservas | 식료품점 |

리스본에 본점을 둔 통조림 전문점이다. 정어리, 고등어, 청어 등의 생선을 올리브 오일이나 토마토소스에 절인 300여 종의 통조림을 판매한다. 통조림만 단독으로 판매하는 상점이라는 것이 다소 의아할 순 있지만 포르투갈의 생선 통조림은 특별한 조리 없이 그대로 따서 와인 안주로 먹거나 치즈 크림처럼 빵에 발라 먹어도 좋아 찾는 이가 많다. 금액이 MOP 30 안팎으로 비교적 저렴하고, 통조림 디자인도 감각적이라 선물용으로 좋다.

🏠 9 Tv. do Aterro Novo, Macau
🕐 11:00-20:00
☎ +853 6571 8214

TAIPA &
COTAI STRIP

타이파 &
코타이 스트립

氹仔 & 路氹

도시 전체가 거대한 테마파크

새로운 마카오 건설을 위해 바다를 메워 만든 코타이 스트립은 피터팬이 사는 네버랜드처럼 비현실적인 풍경으로 가득한 곳이다. 하루가 다르게 새로운 호텔과 어트랙션이 생겨나고, 한밤중에도 오색 조명이 온 도시를 휘감아 거리를 걷기만 해도 롤러코스터를 타는 기분이다. 그런가 하면 동화 속 마법의 성 같은 코타이 스트립 뒤로 고색창연한 타이파의 산책로가 펼쳐진다. 100여 년 전의 모습을 그대로 간직한 주택가 한가운데 잔잔한 호수가 있고 향을 피운 사원에서는 사람들이 무사 안녕을 기원한다. 코타이 스트립이 마카오의 미래를 보여주는 곳이라면 타이파는 과거를 보여주는 곳이다. 거대한 테마파크에 들어온 듯 과거와 미래 체험관을 오가며 도시가 뿜어내는 온갖 매력을 만끽하는 곳, 바로 타이파와 코타이 스트립이다.

찾아가기

1 | 마카오 국제공항 → 코타이 스트립 내 주요 호텔

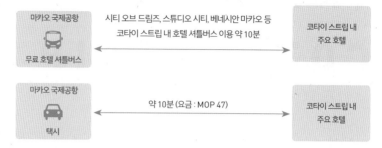

| 마카오 국제공항
무료 호텔 셔틀버스 | 시티 오브 드림즈, 스튜디오 시티, 베네시안 마카오 등
코타이 스트립 내 호텔 셔틀버스 이용 약 10분 | 코타이 스트립 내
주요 호텔 |

| 마카오 국제공항
택시 | 약 10분 (요금 : MOP 47) | 코타이 스트립 내
주요 호텔 |

2 | 마카오 반도 → 타이파

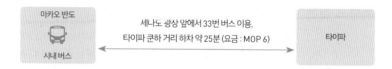

| 마카오 반도
시내 버스 | 세나도 광장 앞에서 33번 버스 이용,
타이파 쿤하 거리 하차 약 25분 (요금 : MOP 6) | 타이파 |

3 | 마카오 반도 → 코타이 스트립

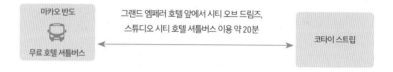

| 마카오 반도
무료 호텔 셔틀버스 | 그랜드 엠페러 호텔 앞에서 시티 오브 드림즈,
스튜디오 시티 호텔 셔틀버스 이용 약 20분 | 코타이 스트립 |

4 | 홍콩 시내 → 타이파 페리 터미널

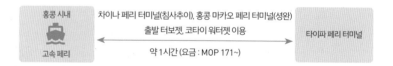

| 홍콩 시내
고속 페리 | 차이나 페리 터미널(침사추이), 홍콩 마카오 페리 터미널(성완)
출발 터보젯, 코타이 워터젯 이용
약 1시간 (요금 : MOP 171~) | 타이파 페리 터미널 |

5 | 홍콩 시내 → 코타이 스트립 내 주요 호텔

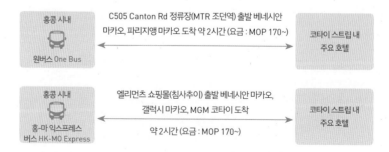

| 홍콩 시내
원버스 One Bus | C505 Canton Rd 정류장(MTR 조던역) 출발 베네시안
마카오, 파리지앵 마카오 도착 약 2시간 (요금 : MOP 170~) | 코타이 스트립 내
주요 호텔 |

| 홍콩 시내
홍-마 익스프레스
버스 HK-MO Express | 엘리먼츠 쇼핑몰(침사추이) 출발 베네시안 마카오,
갤럭시 마카오, MGM 코타이 도착
약 2시간 (요금 : MOP 170~) | 코타이 스트립 내
주요 호텔 |

타이파 & 코타이 스트립
Taipa & Cotai Strip

타이파 페리 터미널
Taipa Ferry Terminal

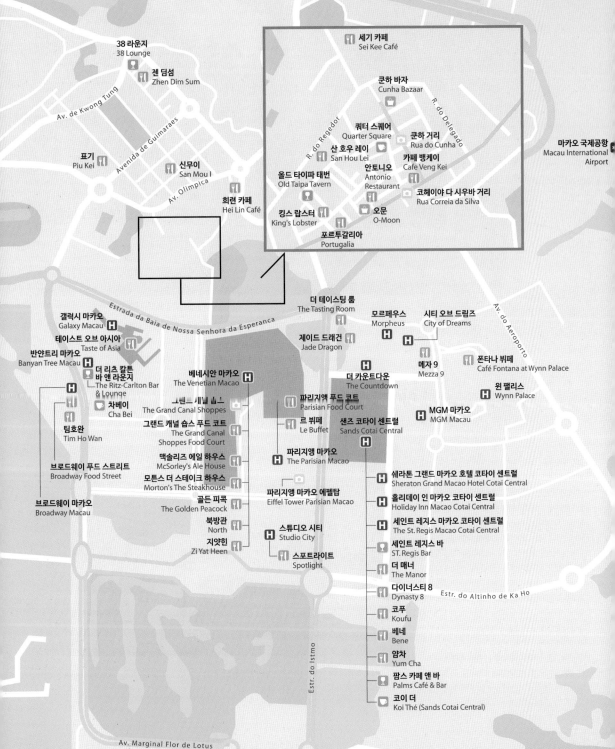

세기 카페
Sei Kee Café

38 라운지
38 Lounge

젠 딤섬
Zhen Dim Sum

쿤하 바자
Cunha Bazaar

Av. de Kwong Tung

Avenida de Guimaraes

표기
Piu Kei

신무이
San Mou I

Av. Olimpica

쿼터 스퀘어
Quarter Square

산 호우 레이
San Hou Lei

쿤하 거리
Rua do Cunha

카페 뱅케이
Cafe Veng Kei

안토니오
Antonio
Restaurant

코헤이야 다 시우바 거리
Rua Correia da Silva

마카오 국제공항
Macau International
Airport

R. do Regedor

R. do Delegado

희련 카페
Hei Lin Café

올드 타이파 태번
Old Taipa Tavern

킹스 랍스터
King's Lobster

포르투갈리아
Portugalia

오문
O-Moon

더 테이스팅 룸
The Tasting Room

모르페우스
Morpheus

시티 오브 드림즈
City of Dreams

Av. do Aeroporto

Estrada da Baia de Nossa Senhora da Esperanca

갤럭시 마카오
Galaxy Macau

제이드 드래건
Jade Dragon

메자 9
Mezza 9

폰타나 뷔페
Café Fontana at Wynn Palace

테이스트 오브 아시아
Taste of Asia

더 카운트다운
The Countdown

윈 팰리스
Wynn Palace

반얀트리 마카오
Banyan Tree Macau

더 리츠 칼튼
바 앤 라운지
The Ritz-Carlton Bar
& Lounge

베네시안 마카오
The Venetian Macao

파리지앵 푸드 코트
Parisian Food Court

샌즈 코타이 센트럴
Sands Cotai Central

MGM 마카오
MGM Macau

차베이
Cha Bei

팀호완
Tim Ho Wan

그랜드 캐널 숍스
The Grand Canal Shoppes

그랜드 캐널 숍스 푸드 코트
The Grand Canal
Shoppes Food Court

르 뷔페
Le Buffet

파리지앵 마카오
The Parisian Macao

쉐라톤 그랜드 마카오 호텔 코타이 센트럴
Sheraton Grand Macao Hotel Cotai Central

브로드웨이 푸드 스트리트
Broadway Food Street

맥솔리즈 에일 하우스
McSorley's Ale House

모튼스 더 스테이크 하우스
Morton's The Steakhouse

파리지앵 마카오 에펠탑
Eiffel Tower Parisian Macao

홀리데이 인 마카오 코타이 센트럴
Holiday Inn Macao Cotai Central

세인트 레지스 마카오 코타이 센트럴
The St. Regis Macao Cotai Central

브로드웨이 마카오
Broadway Macau

골든 피콕
The Golden Peacock

북방관
North

지얏힌
Zi Yat Heen

스튜디오 시티
Studio City

스포트라이트
Spotlight

세인트 레지스 바
ST. Regis Bar

더 매너
The Manor

다이너스티 8
Dynasty 8

코푸
Koufu

베네
Bene

얌차
Yum Cha

팜스 카페 앤 바
Palms Café & Bar

코이 더
Koi Thé (Sands Cotai Central)

Estr. do Altinho de Ka Ho

Estr. do Istmo

Av. Marginal Flor de Lotus

Oldies But Goodies

타이파 빌리지 氹仔 Taipa Village | 산책로 |

식민 시절 청나라와 포르투갈 사이의 잦은 충돌로 불안감에 휩싸인 포르투갈인들이 마카오 반도에서 건너와 별장을 짓고 휴양을 누리던 곳, 지금의 타이파 빌리지다. 중국 반환 이후 마카오 정부는 도시 개발에 박차를 가했지만 개발의 대부분이 코타이 스트립에 집중되면서 타이파는 자연스럽게 소외되었다. 하지만 오래되었다고 해서 그 가치가 완전히 사라지는 것은 아니어서 지금은 이런 낙후한 시설이 빈티지한 풍경으로 대접받으며 여행자에게 편안한 휴식처가 되어주고 있다. 빌리지 한가운데 다섯 동의 민트색 건물은 당시 포르투갈인들의 생활상을 보여주는 타이파 주택 박물관Casas Museu Da Taipa이다. 굳이 안으로 들어가지 않고 박물관 앞 호숫가를 산책하는 것 만으로도 방문 가치가 충분하다. 타이파 빌리지는 포르투갈 스타일의 주택가를 산책하며 멋스러운 동네 풍경을 구경하는 것만으로도 온전한 여유가 느껴지는 곳이다. 출사 여행차 마카오에 왔다면 반드시 들러야 하는 곳이다.

📍 쿤하 거리Rua do Cunha 끝 코헤이야 다 시우바 거리Rua Correia da Silva와 만나는 삼거리에서 정면의 계단을 오르면 타이파 빌리지가 시작된다.

타이파로 통하는 관문

쿤하 거리 官也街 Rua do Cunha | 먹거리 골목 |

100m 남짓 짧은 골목길로 여행자들이 타이파 빌리지로 향하기 위해서는 반드시 이 길을 통과해야 한다. 좁은 골목 양옆으로 각종 주전부리를 판매하는 가게들이 쭉 들어섰는데 육포와 아몬드 쿠키, 주빠바오, 카레 어묵은 물론 망고가 들어간 장주 찹쌀떡까지 마카오의 명물 간식을 이 한 곳에서 모두 맛볼 수 있다. 몇 해 전까지만 해도 예스러운 분위기가 물씬 풍기는 거리였으나 이제는 스타벅스를 필두로 감각적인 카페와 베이커리, 기념품 숍 등이 들어서며 소위 핫 플레이스가 되고 말았다. 쿤하 거리를 중심으로 몇 개의 좁은 골목길이 양 갈래로 쭉 뻗어 있는데 이 길을 따라 들어가면 호젓한 분위기의 주택가 산책로가 펼쳐진다.

📍 세나도 광장에서 33번 버스 이용 약 30분 소요

쿤하 바자 官也墟 Cunha Bazaar | 기념품 |

쿤하 거리 초입, 우스꽝스러운 일러스트로 도배된 노란색의 4층짜리 건물이다. 1층에는 육포와 각종 쿠키를 판매하는 초이헝유엔 베이커리가 입점했고 2층부터 4층까지는 마카오 출신 신진 아티스트들의 디자인 제품을 판매하는 마카오 크리에이션즈Macau Creations가 입점했다. 티셔츠와 가방부터 컵, 마그네틱, 인형 등 실용적인 제품이 많아 기념품을 찾는다면 방문해볼 만 하다. 이곳의 마스코트인 판다가 그려진 제품이 특히 많으니 눈여겨보자.

🏠 Rua do Cunha No. 33-35 R/C, Taipa
🕐 09:30-22:00
☎ +853 2882 7989
@ www.cunhabazaar.com

Sleepless in Cotai

잠들지 않는 도시,
코타이의 나이트 뷰 즐기기

코타이 스트립의 매력이 빛을 발하는 시간은 해가 지고 난 이후다. 각 호텔마다 경쟁이라도 하 듯 화려한 조명을 쓰고, 파티를 즐기려는 사람들이 거리로 쏟아져 나오기 때문이다. 이 도시에서 밤은 소멸의 시간이 아닌 새로운 에너지 분출의 시간이다. 총천연색으로 빛나는 밤의 도시를 한눈에 담고 싶다면 어디로 가야 할까? 코타이 스트립의 야경 스폿 베스트 3을 소개한다.

파리지앵 마카오 에펠탑

Eiffel Tower Parisian Macao

澳門巴黎人 巴黎鐵塔 | 전망대 |

성 바울 성당 유적과 마카오 타워를 뛰어넘으며 새로운 마카오의 상징으로 각광받는 곳, 파리지앵의 에펠탑이다. 높이 162m로 파리의 원본에 비하면 절반 크기이지만 코타이 스트립 자체가 워낙 좁다는 점을 감안한다면 그 위용만큼은 파리의 원본 이상이다. 37층의 에펠탑 전망대에 오르면 코타이 스트립의 주요 호텔들이 발아래로 펼쳐진다. 해가 지면 15분 간격으로 탑을 감싸고 있는 6600개의 전구가 불을 밝혀 환상적인 라이트 쇼가 펼쳐진다. 높은 곳인 만큼 눈을 뜰 수 없을 정도로 강한 바람이 불지만 그럼에도 마카오에서 가장 아름다운 전망을 내려다볼 수 있으니 올라가 볼 것을 추천한다.

📍 베네시안 마카오에서 도보 약 10분
🕐 11:00-23:00, 마지막 입장 22:30
☎ +853 8111 2768

MOP 성인 MOP 108, 12세 미만 MOP 87
@ ko.parisianmacao.com/macau-hotel/attractions/eiffel-tower.html

스튜디오 시티 골든 릴

新濠影滙 影滙之星 Studio City Golden Reel | 어트랙션 |

거대한 호텔 건물 한가운데 숫자 8 모양의 대관람차가 쏙 들어가 있다. 스튜디오 시티 호텔의 상징인 골든 릴은 지상 130m 높이로 아시아 최고 높이를 자랑한다. 중국 인들에게는 행운의 숫자인 8을 형상화했는데 한번 탑승하면 18분 동안 하늘을 날듯 아찔한 공중 곡예를 체험하게 된다. 스튜디오 시티 자체가 배트맨의 고담시를 콘셉 트로 꾸민 호텔인 만큼 제대로 즐기고자 한다면 낮보다는 밤이 어울린다. 어두운 하 늘 위로 초대형 핀 조명을 쏘아 올려 진짜 고담시 같은 분위기가 형성되기 때문이다.

📍 파리지앵 마카오에서 도보 약 10분

🕐 월~금요일 12:00-20:00, 토~일요일 11:00-21:00

☎ +853 8868 6767

MOP 성인 MOP 100, 12세 미만 MOP 85

@ studiocity-macau.com/en/entertainment/golden-reel

윈 팰리스 분수 쇼

永利皇宮 表演湖
Wynn Palace Performance Lake | 어트랙션 |

호텔에서 즐기는 모든 어트랙션을 무료로 개방해 오픈 1년 만에 마카오에서 가장 핫한 호텔로 떠오른 윈 팰리스. 라스베이거스의 윈 호텔을 그대로 옮겨온 만큼 가장 유명한 퍼포먼스 역시 라스베이거스와 똑같은 규모로 펼쳐 지는 분수 쇼. 잔잔한 호수에 숨겨진 171개의 노즐과 1004개의 분무구에서 초대형 물이 뿜어져 나오는데, 밤이 되면 4000여 개의 조명이 켜져 그야말로 마법 같은 물의 춤사위가 펼쳐진다. 호수 앞에 자리를 잡고 앉아 이 놀라 운 물줄기를 바라보는 것도 충분히 황홀하지만 무료로 탑승할 수 있는 호텔 케이블카 스카이 캡Sky Cab을 이용하 면 지상 28m 높이에서 조금 더 박진감 넘치는 공연을 관람할 수 있다.

📍 시티 오브 드림즈에서 도보 약 15분

🕐 11:00-24:00 (30분 간격)

☎ +853 8889 8889

@ www.wynnpalace.com/en/entertainment/performance-lake

마카오 속 '물의 도시'

베네시안 마카오

澳門威尼斯人 The Venetian Macao ｜ 호텔, 관광 명소

마카오가 호텔 놀이의 천국으로 불리기 전, 그러니까 코타이 스트립이 막 생겨났을 때부터 기획된 초대형 위락 시설로 건설비만 무려 21억 달러가 들어갔다. 2007년 처음 문을 연 후 지금까지도 아시아에서 가장 큰 호텔 1위 타이틀을 놓치지 않고 있으니 그야말로 역대급 규모를 자랑하는데 상암동 월드컵 경기장의 5배가 넘는 98만 m²다. 크게 호텔, 카지노, 쇼핑의 세 구역으로 나뉘는데 모든 구역의 콘셉트는 '화려함'이다. 높은 천장에는 초대형 샹들리에가 걸려 있고 벽은 온통 황금색이며, 객실은 모두 스위트룸이다. 정신이 혼미할 만큼 화려한 내부 시설에 넋을 놓고 있다간 길을 잃기 쉬우니 베네시안만큼은 다른 곳보다 꼼꼼한 사전 계획이 필요하다.

마카오 공항, 마카오 페리 터미널에서 호텔 셔틀버스 이용

🕐 곤돌라 11:00-22:00

☎ +853 2882 8877

MOP 곤돌라 성인 MOP 135, 12세 미만 MOP 103

@ www.venetianmacao.com

그레이트 홀 Great Hall

입구로 들어와 메인 로비까지 이어진 복도를 그레이트 홀이라고 부른다. 사방이 황금색으로 칠해진 이곳에서 가장 눈에 띄는 것은 황금혼천의라 불리는 분수인데 부와 지식을 상징한다. 모든 방문자들이 한 번은 통과하는 베네시안의 관문으로 수많은 여행객이 이 앞에서 사진을 찍느라 장사진을 이룬다. 하지만 이보다 더 주목해야 할 것은 복도 천장에 그려진 르네상스풍의 프레스코화다. 바티칸 시스티나 성당에 들어온 듯 성스러움마저 느껴진다.

그랜드 캐널 숍스 The Grand Canal Shoppes

3000여 개의 브랜드 매장이 들어선 쇼핑 단지로 물의 도시 베네치아를 그대로 본떠 만들었다. 로비 한가운데를 유유히 흐르는 운하 위로 손님을 태운 곤돌라가 지나가는데 간혹 흥에 취한 곤돌리에들이 구성진 칸초네를 부르기도 한다. 진짜 산 마르코 광장에 온 듯 독특한 가면을 쓴 사람들이 퍼포먼스를 펼치며 여행객들의 시선을 끈다.

Hotel Fine Dining
품격의 한 끼, 호텔 레스토랑

코타이 스트립의 핵심 키워드가 '호텔 놀이'인 만큼 호텔 레스토랑에서 누리는 호사스러운 식사 시간도 빼놓을 수 없다. 호텔 레스토랑이라 하면 금액이 부담스러울 것 같지만 잘만 공략한다면 가성비 좋은 훌륭한 식당을 골라낼 수 있다. 광둥요리와 마캐니즈는 물론 전 세계 모든 요리의 각축장이라 해도 과언이 아닌 코타이 스트립의 호텔 레스토랑에서 품격의 한 끼를 누려보자.

더 매너 The Manor
세인트 레지스 마카오 코타이 센트럴

| 웨스턴 요니 |

럭셔리 호텔 세인트 레지스에 들어선 웨스턴 요리 전문점으로 5개의 섹션으로 나눠 다이닝 룸The Dining Room, 와인 갤러리The Wine Gallery, 베란다The Verandah, 펜트하우스 키친The Penthouse Kitchen, 도서관The Library 콘셉트로 꾸며놓은 게 인상적이다. 어떤 섹션에서든 메뉴는 같은데 이 집에서 가장 유명한 것은 스테이크 요리다. 일본, 미국, 호주의 소고기 등급제에서 최상급으로 분류된 소고기만 사용해 믿음이 간다. 그 밖에 해산물 요리 등 와인과 함께 곁들이기 좋은 메뉴가 많다.

🏠 1F, The St. Regis Macao Cotai Central, Cotai

🕐 월~토요일 런치 12:00-15:00, 일요일 브런치 12:00-15:30, 매일 디너 18:00-23:00

☎ +853 2882 8898

MOP 2인 기준 MOP 456~

@ www.sandscotaicentral.com/restaurants/asian-international/the-manor.html

베네 Bene

**쉐라톤 그랜드
마카오 호텔 코타이 센트럴** | 이탈리안 요리 |

쉐라돈 그랜드 마카오 호텔의 성공 요인 중 하나로 손꼽히는 레스토랑이다. 캐주얼한 분위기이며 솜씨 좋은 이탈리안 가정식을 선보인다. 시그니처 메뉴인 베네 까르보나라를 주문하면 셰프가 큼지막한 치즈 통을 들고 와 그 자리에서 치즈를 녹여가며 파스타 면과 버무려주기 때문에 보는 재미도 쏠쏠하다. 와인 종류가 많아 와인 애호가라면 특히 만족할 만한 곳이다.

🏠 1F, Sheraton Macau, Cotai

🕐 12:00-15:00, 18:00-23:00

☎ +853 8113 1200

MOP 2인 기준 MOP 468~

@ www.sandscotaicentral.com/restaurants/western/bene-italian.html

북방관 北方馆 North

베네시안 마카오 | 중화요리 |

한국인 여행객들에게 인생새우를 만나는 곳으로 소문이 난 중식당. 홀 중앙에 커다란 오픈 키친이 있어 반죽을 하거나 커다란 웍을 다루는 셰프들을 보면서 식사를 즐길 수 있다. 한국인이 가장 좋아한다는 북경식 새우튀김이 시그니처 메뉴이며 탕수육과 비슷한 돼지고기 볶음 꿔바로우도 추천 메뉴 중 하나다. 메뉴판에 한글 설명이 붙어 주문하기 어렵지 않으며 쉐라톤 호텔에도 지점이 있다.

🏠 1F, Shop 1015, The Venetian Macao, Cotai

🕐 일~목요일 11:00-23:00, 금~토요일 11:00-다음 날 01:00

☎ +853 8118 9980

MOP 2인 기준 MOP 355~

@ www.venetianmacao.com/restaurants/signature/north.ht

팀호완 添好運 Tim Ho Wan
브로드웨이 마카오 | 딤섬 |

홍콩 최고의 중식당 룽킹힌龍景軒의 딤섬 전문 셰프였던 막가푸이麥桂培가 독립 후 문을 연 캐주얼 딤섬 브랜드다. 홍콩에서는 7년 연속 미슐랭에서 별을 따냈는데 마카오 지점 역시 홍콩 본점과 같은 맛과 분위기를 선보인다. 하가우, 슈마이, 샤오룽바오, 함수이곡 등 대표적인 딤섬 메뉴를 합리적인 금액으로 맛볼 수 있다.

🏠 Broadway Food Street, A-1006, Cotai
🕐 09:00-23:00
☎ +853 2884 4658
MOP 2인 기준 MOP 170~
@ www.timhowan.com/country/macau/

다이너스티 8 朝 Dynasty 8
콘래드 마카오 코타이 센트럴 | 중화요리 |

마카오의 호텔 중식당 중 가장 유명한 곳이다. 이름처럼 메인 홀을 중심으로 진, 한, 당, 수, 송, 위안, 명, 청까지 8개의 중국 왕조 콘셉트로 꾸민 프라이빗 룸이 마련되어 있다. 오리고기, 양갈비 요리, 베이징 덕과 같은 친숙한 요리는 물론 이름조차 생소한 다양한 중식 요리를 선보이는데 명성만큼이나 음식 맛도 뛰어나다. 중식당임에도 가운데에 커다란 와인 셀러가 있어 선택한 요리에 어울리는 와인을 맛볼 수 있다.

🏠 1F, Conrad Macao, Cotai
🕐 월~금요일 런치 11:00-15:00, 토~일요일 런치 10:00-15:00 / 매일 디너 18:00-23:00
☎ +853 8113 8920
MOP 2인 기준 MOP 426~
@ www.sandscotaicentral.com/restaurants/chinese/dynasty-8.html

폰타나 뷔페 咖啡苑 Café Fontana at Wynn Palace
윈 팰리스 | 뷔페 |

10개의 섹션에 마련된 다양한 종류의 음식을 선보이는 뷔페 레스토랑으로 특히 해산물 요리가 맛있기로 유명하다. 황금과 꽃으로 장식된 윈 팰리스의 분위기를 그대로 이어받아 이곳 역시 화려한 인테리어에 눈길이 간다. 커다란 창을 통해 윈 팰리스의 명품 분수쇼를 감상할 수 있어 창가 좌석은 사전 예약이 필수다.

🏠 Av. da Nave Desportiva, Wynn Palace, Cotai
🕐 런치 뷔페 11:30-15:00, 디너 뷔페 17:30-23:00
☎ +853 8889 3663
MOP 런치 뷔페 MOP 268, 디너 뷔페 MOP 488
@ www.wynnpalace.com/kr/restaurants-n-bars/casual-dining/fontana-buffet

Macau Food Court

호텔에서 누리는 노포 분위기, 푸드 코트

푸드 코트의 장점은 돌아다닐 필요 없이 앉은 자리에서 다양한 종류의 음식을 맛볼 수 있다는 것, 그리고 금액이 저렴하다는 것이다. 마카오의 주요 호텔마다 전용 푸드 코트를 운영해 언제든 푸짐한 맛의 세계에 빠져들 수 있다. 정신이 혼미할 만큼 사람이 많지만 덕분에 노천카페에 온 듯한 정감 어린 분위기도 만끽할 수 있다. 코타이 스트립의 호텔 푸드 코트 다섯 곳을 소개한다.

그랜드 캐널 숍스 푸드 코트
The Grand Canal Shoppes Food Court
| 베네시안 마카오 |

코타이 스트립의 푸드 코트 중 기장 오랜 역사를 지닌 곳으로 이탈리아의 노천카페 거리를 재현한 외관에 눈길이 간다. 주빠바오의 명가 '타이레이 로이케이'가 입점해 마카오에서 가장 맛있는 주빠바오를 맛볼 수 있다. 한식이 그리운 사람들에게 특히 반가운 한식당 '대장금'도 있다.

🏠 3F, The Venetian Macao, Cotai
🕐 매장마다 다름
☎ +853 2888 8888
@ www.venetianmacao.com/restaurants/
food-court.html

테이스트 오브 아시아
亞洲美食坊 Taste of Asia | 갤럭시 마카오 |

갤럭시 호텔에 들어선 푸드 코트로 카운터에서 충전식 카드인 갤럭시 마카오 패스를 구매해 사용해야 한다. 아시아의 음식에 특화된 푸드 코트임에도 한식당은 '서라벌' 한곳 밖에 없다는 점이 아쉽다. 철판 요리 전문점 '페퍼런치 익스프레스'가 특히 인기가 좋다.

🏠 3F, G025, Galaxy Macau, Cotai
🕐 일~목요일 10:00-다음 날 02:00, 금~토요일, 공휴일 10:00-다음날 02:00
☎ +853 8883 2221
@ www.galaxymacau.com/en/dining/
restaurants/tastes-of-asia

브로드웨이 푸드 스트리트

百老匯美食街 Broadway Food Street

| 브로드웨이 마카오 |

한 곳에 모인 식당들이 테이블을 공유하는 시스템이 아닌 각각의 식당이 개별적으로 운영되는 스타일로 푸드코트보다 노천 먹자골목에 가깝다. 이슌 밀크컴퍼니, 팀호완, 드래건 포르투기스 퀴진, 쯔와 등 홍콩과 마카오의 소문난 맛집 브랜드 지점들이 모여 있다.

🏠 Aenida Marginal Flor de Lotus, Cotai

🕐 매장마다 다름

☎ +853 8883 3338

@ www.broadwaymacau.com.mo/broadway-food-street

파리지앵 푸드 코트 Parisian Food Court | 파리지앵 마카오 |

파리지앵 마카오의 쇼핑몰 숍스 앳 파리지앵Shoppes at Parissian에 들어선 푸드 코트로 콤팩트한 공간에 11개 식당이 자리 잡았다. 홍콩, 싱가포르, 대만, 태국, 일본 등 아시아의 유명 프랜차이즈 레스토랑들로만 구성했다는 것이 특징이다.

🏠 F5, Shoppes at Parisian, Cotai

🕐 매장마다 다름

☎ +853 2882 8833

@ www.parisianmacao.com/macau-shopping/directory/food-court.html

코푸 Koufu | 샌즈 코타이 센트럴 |

싱가포르 태생에 푸드 코트 브랜드로 마카오에는 쉐라톤, 홀리데이 인, 콘래드가 모인 샌즈 코타이 센트럴 단지에 들어섰다. 규모는 작지만 베네시안의 푸드 코트처럼 한식을 비롯 전 세계 요리를 모두 맛볼 수 있어 내실 있는 규모라 할 만하다. 대만의 국수 브랜드 '타이페이 용캉'이 특히 인기가 좋다.

🏠 3F, Sand Cotai Central, Cotai

🕐 일~목요일 08:00-23:00, 금~토요일 08:00-24:00

☎ +853 2885 3336

@ www.sandscotaicentral.com/restaurants/quick-eats/koufu.html

안토니오 安東尼餐廳 Antonio Restaurant | 매캐니즈 |

포르투갈 출신의 유명 셰프 안토니오가 운영하는 포르투갈 요리 전문점으로 오픈
직후부터 줄곧 마카오에서 가장 유명한 레스토랑으로 통하고 있다. 수년째 미슐랭
가이드에서 별 2개를 따내면서 사람들의 호들갑스러운 찬사가 괜한 게 아니었음을
증명해냈다. 해물밥과 오리밥이 시그니처 메뉴라고는 하나 어떤 종류를 주문하든
후회 없는 맛을 선사한다. 인기가 많은 곳인 만큼 주말이라면 방문 전 예약이 필수다.

🏠 7 R. dos Clerigos, Taipa

🕐 11:30-23:30

☎ +853 2888 8668

MOP 2인 기준 MOP 540~

포르투갈리아 葡多利 Portugalia | 포르투갈 요리 |

1925년 리스본에 처음 문을 연 전통의 포르투갈 요리 전문점으로 마카오 지점 역
시 포르투갈 출신의 셰프가 직접 요리를 한다. 리스본 본점에서는 맥주 양조장도 함
께 운영 중인데 그 분위기를 그대로 이어받아 마카오 지점 역시 맥주가 맛있기로 유
명하다. 이 집의 시그니처 메뉴인 게살 파테는 물론 바지락 볶음, 해물밥, 바칼라우
크로켓 등 다양한 매캐니즈 요리를 맛볼 수 있다. 식사를 즐기는 손님들을 위해 가끔
노래와 연주를 들려주는 등 남다른 서비스를 제공한다.

🏠 Rua dos Mercadores No.5, Taipa

🕐 12:00-22:00

☎ +853 6280 3992

MOP 2인 기준 MOP 356~

맥솔리즈 에일 하우스

麥時利愛爾蘭酒吧 McSorley's Ale House | 펍 |

베네시안 마카오 안에 들어선 캐주얼 펍으로 언제 가도 사람들로 붐비는 곳이다. 자
체 양조장을 운영하기 때문에 이 집만의 독특한 맥주의 맛을 음미할 수 있다. 에일
맥주 전문점인 만큼 가능하면 일반 병맥주보다는 다양한 스타일의 수제 맥주를 추
천한다. 맥솔리즈 55 에일McSorley's 55 Ale이 이 집의 시그니처 맥주인데 특유의
과일 향과 쌉싸래한 맛이 일품이다.

🏠 Shop1038, The Venetian Macao, Cotai

🕐 12:00-다음날01:00

☎ +853 2882 8198

MOP 에일 맥주 MOP 70~

올드 타이파 태번

好客鄉莊 Old Taipa Tavern | 펍 |

레스토랑과 카페는 많지만 맥주를 마실 만한 곳이 마땅치 않은 타이파 빌리지에서
거의 유일하게 눈에 띄는 영국식 펍이다. 완벽한 개방형 구조의 벽이나 거친 소리를
내며 돌아가는 선풍기가 여행자의 자유를 대변하는 듯하다. 피시 앤 칩스, 오믈렛, 피
자 등 맥주와 함께 즐기기 좋은 가벼운 음식을 판매하는데 특히 버거의 맛이 좋기로
소문이 났다. 워낙 인기가 좋아 저녁이면 여행자들로 북적거리는 곳이다.

🏠 21 Rua dos Negociantes, Taipa

🕐 12:30-다음 날 01:30

☎ +853 2882 5221

MOP 2인 기준 MOP 210~

젠 딤섬 真點心 Zhen Dim Sum | 딤섬 |

지역 본토에서 맛보는 딤섬은 마카오를 여행하는 관광객이 가장 기대하는 음식이다. 홍콩에서 딤섬의 대중화에 앞장선 브랜드가 팀호완이라면 마카오에서는 젠 딤섬이 그 역할을 하고 있다. 저렴한 금액은 물론, 쾌적한 실내 매장과 특급 호텔 중식당 못지않은 딤섬의 맛 또한 이 집의 인기 요인에 한몫을 한다. 타이파 외에 마카오 반도에도 지점이 있다.

🏠 Block J, Edificio Hong Cheong, 586 Rua de Nam Keng, Flores, Taipa
🕐 10:00~22:00
☎ +853 2883 2232
MOP 2인 기준 MOP 130~

킹스 랍스터 龍蝦皇 King's Lobster | 랍스터 요리 |

다양한 웨스턴 요리에 랍스터를 첨가해 색다른 맛과 모양을 창조해내는 곳으로 최근 SNS를 통해 유명세를 타면서 한국인 여행객들에게도 널리 알려졌다. 커다란 랍스터가 그대로 보이는 비주얼만큼이나 맛도 아주 훌륭하지만 광동요리나 매캐니즈에 비해 살짝 금액이 비싸다는 게 아쉽다. 랍스터 반쪽이 고스란히 올라간 랍스터 라이스와 랍스터 스파게티가 특히 인기가 좋다.

🏠 23, Rua dos Negociantes, Taipa
🕐 목~화요일 12:30-15:00, 18:00-22:30 / 수요일 24시간 영업
☎ +853 2882 5828
MOP 2인 기준 MOP 570

지얏힌

紫逸軒 Zi Yat Heen | 딤섬 |

광동요리 전문점으로서는 드물게 미슐랭에서 별 2개를 따낸 품격의 레스토랑이다. 다른 딤섬 집이 요란한 광고를 하고 인테리어를 바꾸는 동안에도 지얏힌은 오직 음식 맛 하나로 승부를 보겠다는 일념하에 수십 년을 뚝심 있게 걸어왔다. 재료 본연의 맛을 살리기 위해 첨가물을 거의 넣지 않아 딤섬의 맛이 담백하고 깔끔하다. 이 집이 특별 제조한 XO 소스도 딤섬의 맛에 풍미를 더한다.

🏠 3F, Four Seasons Macau, Cotai
🕐 월~토요일 런치 12:00-14:30, 일요일 런치 11:30-15:00, 매일 디너 18:00-22:30
☎ +853 2881 8818
MOP 2인 기준 MOP 900~

모튼스 더 스테이크 하우스

莫爾頓牛排坊 Morton's The Steakhouse | 스테이크 |

베네시안 마카오에 들어선 격조 높은 스테이크 전문점이다. 호텔의 명성대로 가격이 살짝 부담스럽지만 고기의 맛이 워낙 뛰어나 만족도가 높은 편이다. 자리에 앉으면 주인장이 직접 테이블로 고기를 가지고 와서 부위별로 특징을 설명해주는데 어떤 스테이크를 주문하든 커다란 고깃덩이 하나만 떡 하니 나오기 때문에 샐러드 추가 주문이 필수이며 고기와 어울리는 맥주나 와인 또한 필수다. 여자 혼자 다 먹긴 살짝 버거울 정도로 양도 넉넉하다.

🏠 Shop 1016, Shoppes at Venetian, Cotai
🕐 월~토요일 15:00-24:00, 일요일 15:00-23:00
☎ +853 8117 5000
MOP 2인 기준 MOP 1250~

희련 카페

喜蓮喋啡 Hei Lin Café | 차찬텡 |

마카오의 매캐니즈처럼 홍콩의 영국식 다이닝 문화를 가장 극명하게 보여주는 것이 바로 차찬텡茶餐廳이다. 마카로니로 만든 죽이나 스팸이 들어간 라면처럼 생소한 조합이긴 하나 맛도 좋고 금액도 저렴해 현지인과 여행객 모두에게 사랑받는다. 희련 카페는 마카오에서 가장 잘나가는 차찬텡 집으로 언제 가도 줄 서기는 기본 다른 테이블과 합석을 해야 할 만큼 인기가 좋다. 마카로니 콘지, 주빠바오는 물론 콜라를 끓인 호록까겅 등 차찬텡의 정석을 맛볼 수 있다.

🏠 B84, R. de Fernao Mendes Pinto, Taipa
🕐 월~토요일 07:00-20:00 / 일요일 휴무
☎ +853 2882 7733
MOP 2인 기준 MOP 95~

차베이 Cha Bei | 디저트 |

하얀 벽에는 핑크색의 커다란 꽃이 달려 있고 요정 복장을 한 직원들이 그 앞을 서성인다. 덕분에 그냥 지나치다가도 한 번쯤 돌아보게 되는 예쁜 카페다. 동화 속 세상 같은 인테리어만큼이나 이곳에서 파는 케이크 종류 모두 화려한 모양을 자랑한다. 애프터눈 티가 가장 유명하지만 굳이 값비싼 애프터눈 티 세트를 주문하지 않아도 모든 디저트가 꽃무늬 티 포트와 트레이에 담겨 나와 포크를 대기 아까울 정도다.

🏠 1F, Galaxy Macau, Cotai
🕐 10:00-21:00
☎ +853 8883 2221
MOP 디저트 MOP 70~, 애프터 눈 티 세트 MOP 328

세기 카페

世記咖啡 Sei Kee Café | 스낵 |

'세기'라는 이름에는 한참 부족하지만 1965년부터 한 곳에서 장사를 해온 나름 뚝심 있는 간식 집이다. 허름한 카페가 사람들의 사랑을 받는 건 이 집만의 특화된 방식으로 만드는 밀크티 때문인데, 숯불에 보약 달이듯 찻잎을 정성스레 우려내 맛의 깊이가 남다르다. 밀크티와 함께 즐기기 좋은 뽀로바오나 주빠바오도 꽤나 훌륭한 맛을 자랑한다. 다만 매일 한정 수량만 판매하기 때문에 가능하면 이른 시간 방문을 추천한다.

🏠 1 Largo dos Bombeiros, Taipa
🕐 월, 수, 목, 금, 토요일 11:00~19:00 / 일, 화요일 휴무
☎ +853 6569 1214
MOP 밀크티 MOP 18, 주빠바오 MOP 23

카페 뱅케이

旺記咖啡 Cafe Veng Kei | 스낵 |

여행객들로 북적대는 쿤하 거리 끝 사거리, 지글지글 익어가는 철판구이 냄새가 코를 자극한다. 그냥 지나치다가도 결국엔 다시 돌아오게 만드는 마성의 식당 카페 뱅케이는 테이크 아웃만 가능할 정도로 규모가 작지만 그럼에도 연일 북새통을 이룬다. 철판구이 스테이크와 오징어가 시그니처 메뉴지만 두툼한 소보로빵을 반으로 가른 뒤 버터 한 조각을 넣어주는 뽀로바오나 깜찍한 페트병에 담아주는 밀크티도 추천할 만하다.

🏠 60 R. Correia da Silva, Taipa
🕐 24시간 영업
☎ +853 2882 7033
MOP 철판 스테이크 MOP 65, 뽀로바오 MOP 15

SOUVENIR

기념품을 찾는다면 이곳에서

오문 澳門 O-Moon | 잡화점 |

아기자기한 골목이 많아 소품점도 많을 것 같지만 사실 코타이 스트립과 타이파에는 중국제 물품을 판매하는 호텔 내 기념품 숍이 아니라면 변변한 소품점을 찾기가 쉽지 않다. 오문은 타이파의 거의 유일한 소품점으로 선물이나 기념품을 찾는 여행자들에게 단비 같은 곳이다. 달을 탐험하는 우주인 키티Kitty가 성 바울 성당, 세나도 광장 마카오 타워, 기아 요새 등 마카오의 랜드마크와 함께 있는 디자인이 많은데 이는 '오문澳門'이 곧 '달Moon'이라는 뜻, 즉 달과 동음이의어인 마카오의 한자 지명에서 독특한 발상을 떠올린 것이다. 단순히 디자인만 예쁜 것이 아닌 실용성까지 겸비한 물품이 많아 시간 가는 줄 모르고 구경하게 된다. 입구에 설치된 커다란 달 모양 조명이 물건을 구입하지 않아도 한번 들어가보고 싶은 충동을 불러일으킨다.

동전지갑
MOP 66~

에코백
MOP 168~

노트북 케이스
MOP 268~

노트
MOP 58~

보조배터리
MOP 185

COLOANE

콜로안

澳門半島

소박한 풍경이 주는 여행의 감동

어딜 가나 여행객들로 붐비는 마카오에서 한적한 바닷가 풍경을 만끽할 수 있는, 도심에서 멀지 않아 언제든 쉽게 오갈 수 있는 곳이 마카오 최남단의 바닷가 마을 콜로안이다. 오랜 세월 해적들의 소굴이었던 이 작은 마을에 사람들의 이주가 시작된 것은 1969년 이후다. 그렇다고 해서 개발을 서두른 것도 아니어서 선착장도 있고, 더러 고기잡이배도 보이지만 활기찬 어촌 마을의 풍경은 또 아닌, 도무지 급할 것이라고는 없는 주민들 덕에 콜로안은 시간이 느리게 가는 마을이 되었다. 마카오에서 가장 맛있다고 소문난 에그타르트를 맛보고, 산책 삼아 동네 한 바퀴를 돌아보는 정도면 충분하지만 시내에서 오가는 시간을 생각하면 넉넉히 반나절은 잡아야 한다.

찾아가기

1 | 마카오 반도 → 콜로안

세나도 광장
시내버스

1A, 25, 26A 버스 탑승, 약 55분(요금 : MOP 6)

콜로안 빌리지 정류장

아마 사원
시내버스

26번 버스 탑승, 약 1시간 20분(요금 : MOP 6)

콜로안 빌리지 정류장

2 | 타이파 → 콜로안

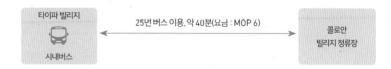

타이파 빌리지
시내버스

25번 버스 이용, 약 40분(요금 : MOP 6)

콜로안 빌리지 정류장

3 | 코타이 스트립 → 콜로안

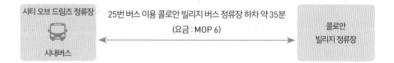

시티 오브 드림즈 정류장
시내버스

25번 버스 이용 콜로안 빌리지 버스 정류장 하차 약 35분
(요금 : MOP 6)

콜로안 빌리지 정류장

콜로안 관광 스폿

콜로안 빌리지

路環村 Coloane Village | 산책로 |

마카오 중심가에서 살짝 떨어진 곳이지만 각종 영화, 드라마, CF 등에 여러 번 등장하면서 이제는 한국인 여행객들의 필수 방문 코스가 되었다. 콜로안 빌리지 버스 정류장 바로 맞은편에 있는 로드 스토우즈 베이커리에서 에그타르트를 맛본 후 바닷가를 끼고 500m 남짓 쭉 펼쳐진 싱코 드 오투부르 거리Avenida de Cinco de Outubro를 산책하는 정도로 가볍게 둘러보면 된다. 반드시 봐야 할 스폿은 없지만 빨래를 널고 어류를 말리는 주민들의 평범한 생활상 자체가 바쁜 여행객에게 왠지 모를 편안함을 준다.

📍 버스 정류장(Coloane Village-1, Coloane Village-2)에 내리면 바로 콜로안 빌리지가 시작된다.

성 프란치스코 하비에르 성당

路環聖方濟各聖堂

Capela de São Francisco Xavier | 성당 |

아시아 선교에 일생을 바친 프란치스코 하비에르 신부를 기념하는 성당으로 콜로안을 넘어 마카오를 상징하는 랜드마크 구실을 한다. 온통 파스텔 톤으로 된 외관 덕에 애써 찾지 않아도 싱코드 오투부르 거리를 지나다 보면 쉽게 눈에 띈다. 드라마 '궁'과 영화 '도둑들'에 등장했을 뿐 아니라, 성당 내부에 김대건 신부의 초상화가 걸려 있어 우리나라 여행객들에게 특히 친근한 곳이다.

📍 콜로안 버스 정류장에서 바닷가 산책로를 따라 도보 약 4분

🕐 10:00-17:00 (일요일 미사 10:00)

☎ +853 2888 2128

탐쿵 사원

譚公廟 Templo Tam Kong | 도교 사원 |

싱코 드 오투부르 거리로 끝에 들어선 작은 규모의 사원이다. '탐쿵'은 바다에 고기를 잡으러 나간 선원들의 안녕을 빌고 위험에서 그들을 구하는 어린 소녀 신이다. 사원 안에 들어서면 청동 세숫대야가 보이는데 이 대야를 문질러 물에 파장이 일면 소원이 이루어진다는 전설이 있다. 지금도 이를 믿는 주민들이 대야를 문지르며 건강과 행운을 기원한다. 성 프란치스코 하비에르 성당과 전통의 도교 사원이 몇 백 미터 거리로 들어섰다는 점이 놀랍다.

📍 성 프란치스코 하비에르 성당에서 도보 약 4분

🕐 08:30-17:30

아마 문화촌

路環媽祖文化村
Aldeia Cultural De A-Ma | 관광 명소 |

마카오의 도교 사원 중 가장 화려한 외관의 사원과 그 일대의 전망대 마을로, 어부들의 안녕을 책임지는 거대한 아마 여신상과 함께 대리석으로 조각한 사원의 계단, 날카롭게 뻗어나간 지붕 등이 다른 사원과는 확연히 다른 볼거리를 제공한다. 언덕 정상에 오르면 콜로안의 전경이 내려다보이지만 기대만큼 멋진 광경은 아니어서 반드시 들러야 할 필요는 없다. 다만 산의 능선을 따라 걷는 하이킹 코스가 있어 자연에 조금 더 가까이 다가가고자 하는 여행객에게 추천할만한 곳이다.

📍 콜로안 버스 정류장에서 25번 버스 탑승 후 Parque de Seac Pai Van 하차, 바로 옆 아마 문화촌 주차장에서 아마 문화촌행 무료 셔틀버스 탑승, 총 약 50분 소요 (셔틀버스 08:45-12:30, 13:30-17:45 / 30분 간격), 콜로안 빌리지에서 택시 이용 시 약 10분 소요

🕐 09:00-18:00

학사 비치

黑沙海灘 **Hac Sa Beach** | 관광 명소 |

마카오 부호들의 여름 별장이 들어선 작은 해변으로 이름처럼 검은 모래로 덮여 있다. 총 길이 2km 구간의 학사 롱차오콕 패밀리 트레일 구간이 있어 비치임에도 해수욕보다는 자연 풍광과 함께 걷기 여행을 즐기기 좋은 곳이다. 노점에서 판매하는 구운 오징어 등의 간식을 먹으며 가볍게 바닷가 산책을 누리는 정도로도 충분히 매력적인 곳이다.

📍 콜로안 버스 정류장에서 25번 버스 탑승 후 학사비치에서 하차, 약 30분 소요 (요금 : MOP 6)

MACANESE STYLE EGGTART

마카오 명물 간식
에그타르트

육포나 아몬드 쿠키 등 마카오에서 맛봐야 할 간식거리들의 순위를 매긴다면 가장 첫 번째 자리에 놓아야 할 것은 단연 에그타르트다. 전 세계 어디서든 쉽게 접하는 디저트이긴 하나 마카오 스타일의 에그타르트는 오직 마카오에서만 맛볼 수 있기 때문이다. 디저트 가게 어디든 에그타르트를 팔지 않는 곳은 없다. 하지만 명물 간식으로 꼽히는 것일수록 제대로 맛봐야 하는 법, 마카오의 독특한 역사만큼이나 재미난 에그타르트의 모든 것을 알아보자.

History

매캐니즈의 원조가 포르투갈인 만큼 마카오 스타일의 에그타르트 역시 그 기원은 포르투갈에서 찾을 수 있다. 200여 년 전 리스본의 유서 깊은 수녀원인 제로니모스의 수녀들은 수녀복을 빳빳하게 하기 위해 달걀의 흰자를 사용했고, 그러다 보니 자연스럽게 날샬 노른자가 많이 남았는데 이를 처치하기 위해 고안해낸 디저트가 바로 에그타르트다. 대항해시대 포르투갈의 선원들이 전 세계로 뻗어나가면서 오늘날과 같이 세계인의 디저트로 자리 잡게 되었다.

Macau VS Hong Kong

똑같이 포르투갈을 기원으로 하지만 홍콩의 에그타르트와 마카오의 에그타르트는 모양과 맛이 확연히 다르다. 홍콩식 에그타르트는 도우가 다소 빡빡한 식감의 쿠키를 사용하며 커스터드가 영롱한 노란빛을 띤다. 반면 마카오식 에그타르트는 겹겹의 얇은 페이스트리를 도우로 사용해 식감이 바삭하다. 커스터드 위에 얇게 캐러멜을 발라 굽기 때문에 살짝 겁게 그을린 게 특징이다. 홍콩보다는 마카오 쪽이 조금 더 정통 포르투갈에 가까운 스타일이다.

Lord Stow's Bakery VS Magarte's Café E Nata

마카오의 수많은 에그타르트 맛집 중 원조임을 자처하는 두 곳이 있으니 마카오 반도에 있는 '마가렛츠 카페 이 나타Magaret's Café E Nata'와 콜로안에 있는 '로드 스토우즈 베이커리Lord Stow's Bakery'다. 영국에서 과자점을 운영하던 앤드루가 1989년 콜로안에 처음 로드 스토우즈 베이커리를 연 후 그의 아내였던 마가렛 여사가 따로 마카오 반도에 마가렛 카페 이 나타를 연 것이기 때문에 원조 싸움의 승자는 로드 스토우즈 베이커리다.

마카오 스타일

홍콩 스타일

Lord Stow's Kingdom

콜로안의 작은 가게로 시작한 로드 스토우즈 베이커리는 현재 콜로안에만 4곳의 가게가 성업 중이며 타이파와 코타이에도 지점을 둬 '로드 스토우즈 왕국'으로 통한다. 콜로안에 있는 로드 스토우즈 패밀리 4곳을 소개한다.

로드 스토우즈 베이커리

安德魯葡撻 Lord Stow's Bakery

콜로안을 방문하는 궁극의 이유라고 해도 될 만한 곳, 마카오를 소개하는 여행 프로그램에 빠지지 않고 등장하는 에그타르트 전문점이다. 1989년 영국인 앤드루가 처음 개업한 곳으로 이 집의 에그타르트가 마카오 스타일의 에그타르트로 굳어졌을 만큼 원조의 맛을 자랑한다. 다른 메뉴는 없고 오직 에그타르트만 판매하며 테이크 아웃만 가능하다. 워낙 인기가 좋아 문 닫기 전에 재료가 동나기 일쑤다.

🏠 1 Rua do Tassara, Coloane Town Square, Coloane

🕐 07:00-22:00

☎ +853 2888 2534

MOP 에그타르트 개당 MOP 10, 6개입 MOP 55

로드 스토우즈 카페

安德魯咖啡店 Lord Stow's Café

로드 스토우즈 베이커리 골목과 바닷가 산책로가 만나는 삼거리 코너를 돌면 보이는 작은 카페로, 에그타르트와 더불어 각종 빵을 판매한다.

🏠 9 Largo do Matadouro, Coloane

🕐 09:00-18:00

☎ +853 2888 2174

로드 스토우즈 가든 카페

安德魯花園咖啡 Lord Stow's Garden Café

에그타르트와 함께 피자, 샐러드, 샌드위치 등의 간단한 스낵을 판매한다. 로드 스토우즈 카페 건물 뒤편에 있다.

🏠 21 Largo do Matadouro, Coloane

🕐 화~일요일 09:00-22:00, 월요일 09:00-17:00

☎ +853 2888 1851

로드 스토우즈 익스프레스

安德魯蛋撻外專門店 Lord Stow's Express

로드 스토우즈 가든 카페를 정면에 두고 바로 오른쪽에 붙은 커피 전문점으로 에그타르트와 곁들이기 좋은 음료를 판매한다.

🏠 Largo do Matadouro, No. 17E & 19D, Houston Court, Coloane

🕐 토~목요일 10:00-18:00 / 금요일 휴무

☎ +853 2888 2046

콜로안 레스토랑

키우 케이 카페

橋記喫啡美食 Kiu Kei Café | 차찬텡 |

영국의 식민 문화가 깃든 홍콩만의 간식 문화를 차찬텡이라 한다. 키우 케이 카페는 현지인들에게 가성비 좋은 차찬텡 집으로 소문이 난 곳으로 비록 외관은 식당이나 카페와는 거리가 멀지만 만들어내는 음식의 수준은 홍콩에서 맛보는 것 이상이다. 열에 아홉이 시키는 메뉴는 달걀 스크램블과 소고기가 들어간 카레 국수인데 쫄깃한 면발과 칼칼한 카레 육수가 꽤나 훌륭한 조화를 이룬다. 그 밖에 주빠바오나 밀크티 등 다양한 차찬텡을 맛볼 수 있다.

🏠 Travessa da Pipa, Coloane
🕐 06:30-16:00
☎ +853 2888 2139
MOP 2인 기준 MOP 78~

찬싱케이

陳勝記 Chan Seng Kei | 광둥요리

성 프란치스코 하비에르 성당을 가운데 두고 카페 응아팀과 마주 보고 있는 광둥요리 전문점이다. 오랜 세월 현지인이 즐겨 찾던 숨은 맛집이었는데 미슐랭 가이드 추천 레스토랑에 선정된 이후부터는 여행객들의 방문도 늘어났다. 70년 전 가게를 처음 열 당시의 메뉴판을 그대로 사용할 만큼 전통을 자랑스럽게 여기는 곳이다. 각종 해산물 요리를 비롯해 볶음면과 광둥식 탕수육이 특히 맛이 좋다.

🏠 21 R. do Caetano, Coloane
🕐 12:30-14:30, 18:00-22:30
☎ +853 2888 2021
MOP 2인 기준 MOP 154~

에스파코 리스보아

里斯本地帶餐廳 Restaurante Espaco Lisboa | 포르투갈 요리

콜로안에서는 거의 유일하게 정통 포르투갈 요리를 선보이는 곳으로 2017년부터 3년 연속 미슐랭 가이드 추천 레스토랑으로 선정되었다. 포르투갈 출신 셰프의 지휘하에 정성스럽게 만들어지는 요리들은 하나같이 만족스럽다. 감바스 알 아히요나 해물밥, 바칼라우 등 친숙한 요리를 맛볼 수 있다.

🏠 8 R. das Gaivotas, Coloane
🕐 12:00-15:00, 18:30-22:00
☎ +853 2888 2226
MOP 2인 기준 MOP 500~

카페 응아팀

雅憩花園餐廳 Cafe Nga Tim │ 매캐니즈 │

성 프란치스코 하비에르 성당 바로 옆에 들어선 매캐니즈 전문점이다. 천막으로 대충 세운 포장마차 같지만 이래 봬도 마카오에서 가장 맛있는 매캐니즈 집으로 소문이 나 언제 가도 사람들로 북적거린다. 커다란 게에 매콤한 카레 양념을 발라 통째로 삶아낸 크랩 커리와 마늘 새우구이 등이 이 집의 시그니처 메뉴다. 영화 '도둑들'에도 등장해 한국인들에게는 더욱 친숙한 식당이다.

🏠 8 R. do Caetano, Coloane

🕐 12:00-다음 날 01:00

☎ +853 2888 2068

MOP 2인 기준 MOP 428~

카페 도스 아미고스

Cafe Dos Amigos │ 카페 │

콜로안의 해변 산책로 중간쯤 자리한 카페다. 북 카페처럼 여러 권의 책이 꽂힌 실내 인테리어가 바닷가 풍경과는 왠지 어울리지 않지만 커피가 맛있는 로스터리 카페로 유명해서 일부러 이 곳의 커피 맛을 보기 위해 찾는 이가 있을 정도다. 휴대용 드립 커피와 텀블러 등을 판매해 선물용으로도 좋다.

📍 7 Rua Correia Lemos, Coloane

🕐 월~금요일 11:30-20:00, 토~일요일 10:00-21:00

☎ +853 2888 1810

MOP 에스프레소 MOP 25, 플랫화이트 MOP 38

LUXURY & DESIGN HOTEL

여행에서 누리는 사소한 사치!
럭셔리 & 디자인 호텔

여행지니만 루구나 럭셔리 호텔이나 디자인 호텔에서의 특별한 하루를 원한다. 천재 건축가가 설계한 객실에 묵으며, 미슐랭 가이드가 극찬한
셰프의 요리를 맛보고, 상상력을 극대화한 각종 장비를 경험해 보는 것. 럭셔리 호텔이라고는 하나 마카오라면 이마저도 금액이 생각보다 저렴해 충분히 노려볼만하다.

윈 팰리스 Wynn Palace

궁전에 들어온 듯 황금으로 치장한 화려한 내부 장식이 손님을 맞이한다. 가장 낮은 등급의 객실조차 다른 호텔의 두 배가 넘는 규모를 자랑하며 무엇보다 명품 분수 쇼를 객실에서 편안히 감상한다는 점에서 만족도가 높다. 동화 속 공주의 방이 떠오르는 욕실이나 로비 한 쪽을 가득 채운 실내 꽃밭 플로랄 크리에이션 Floral Creations 등 여성 여행자들을 위한 세심한 서비스가 돋보이는 호텔이다.

📍 시티 오브 드림즈에서 도보 약 10분
☎ +853 8889 8889
MOP 2인 기준 1박 : 비수기 약 24만원~ / 성수기 약 38만원~
@ www.wynnpalace.com

REASONABLE VACATION

합리적인 금액으로 누리는 특급 호텔

홍콩이나 싱가포르 등 주변 도시와 견주었을 때 마카오에는 시설과 서비스가 훌륭하면서 금액까지 저렴한 호텔들이 많다. 박당 10만원 초반대면 세계적인 호텔 체인에서 원없이 호캉스를 누릴 수 있다. 합리적인 여행자들이 꼼꼼히 따져보고 선택하는 마카오의 추천 호텔들을 소개한다.

홀리데이 인 마카오 코타이 센트럴
Holiday Inn Macao Cotai Central

코타이 스트립의 호텔 중 금액이 가장 저렴한 호텔 중 하나지만 시설과 서비스 면에서 금액 이상의 가치를 보장하는 곳이다. 홀리데이 인이 비록 대표적인 비즈니스호텔 체인이긴 하나 코타이 스트립에서만큼은 객실 사이즈, 컨디션 등에서 비즈니스 호텔 이상의 면모를 보여준다. 세계적인 브랜드 호텔 4개가 모인 거대한 호텔 단지 코타이 센트럴에 들어선 만큼 수영장, 헬스장, 레스토랑, 쇼핑몰 등 편의시설도 탄탄하다.

📍 베네시안 마카오 호텔과 구름다리로 연결
☎ +853 8118 3643
MOP 2인 기준 1박 : 비수기 약 13만원~ / 성수기 약 21만원~
@ www.sandscotaicentral.com/hotels/holiday-inn-macao.html

쉐라톤 그랜드 마카오 호텔 코타이 센트럴
Sheraton Grand Macao Hotel Cotai Central

무려 4,001개의 객실을 보유한 매머드 급 호텔로 샌즈 코타이 센트럴 4개의 건물 중 2개가 쉐라톤의 건물이다. 많은 객실을 다 채우기 위해 2박 투숙 시 1박 무료 등의 다양한 프로모션을 실시하기 때문에 운이 좋다면 믿기 힘든 파격가로 쉐라톤의 수준 높은 서비스를 누릴 수 있다. 코타이 스트립 한복판에 위치해 접근성도 좋고, 호텔 내 미식을 즐길만한 수준급의 레스토랑도 많지만 규모가 큰 만큼 언제나 사람들로 붐빈다는 점은 감안해야 한다.

📍 베네시안 마카오 호텔과 구름다리로 연결
☎ +853 2880 2000
MOP 2인 기준 1박 : 비수기 약 12만원~ / 성수기 약 20만원~
@ www.sandscotaicentral.com/hotels/sheraton-macao.html

더 카운트다운 The Countdown

시티 오브 드림스 단지에 들어선 4성 호텔로 오랫동안 사랑 받아왔던 하드록 호텔이 문을 닫은 후 2017년 7월 새롭게 오픈 했다. 호텔 건물 자체가 워낙 높아 가장 기본인 스탠더드 객실 중에서 베네시안 뷰 객실을 이용하면 한쪽 벽을 가득 채운 커다란 창을 통해 베네시안 마카오를 비롯해 코타이 스트립의 화려한 전경을 내려다 볼 수 있다. 캐주얼 호텔을 표방하는 곳답게 묵직함보다는 독특하고 기발한 인테리어가 돋보이는 호텔이다.

📍 베네시안 마카오 호텔 정문 맞은편 도보 약 1분
☎ +853 8868 6688
MOP 2인 기준 1박 : 비수기 약 10만원~ / 성수기 약 23만원~
@ www.cityofdreamsmacau.com/en/stay/the-countdown-hotel

브로드웨이 마카오 Broadway Macau

갤럭시 마카오 단지에 위치한 4성 호텔이다. 객실 규모는 살짝 작지만 새 호텔답게 모던하고 깔끔한 시설이 돋보이며 마카오 유일의 인공 파도 수영장 그랜드 리조트 데크Grand Resort Deck를 무료로 이용할 수 있다는 점에서 가족 단위 여행객들의 사랑을 받는다. 호텔 외부에 맛 집만 모아 놓은 거리 브로드웨이 푸드 스트리트 Braodway Food Street도 가까워 미식과 엔터테인먼트를 누리기에 완벽한 조건을 갖춘 호텔이다.

📍 베네시안 마카오 호텔 택시 이용 약 5분
☎ +853 8868 6688
MOP 2인 기준 1박 : 비수기 약 13만원~ / 성수기 약 23만원~
@ www.broadwaymacau.com.mo/

소피텔 마카오 앳 폰테 16 Sofitel Macau at Ponte 16

코타이 스트립이 마카오의 신 시가지라면 마카오 반도는 구 시가지에 해당한다. 빈티지한 풍경으로 둘러싸인 곳인 만큼 호텔 역시 클래식한 호텔이 많은데 소피텔 마카오 앳 폰테 16은 마카오 반도에서는 비교적 신축 건물에 속해 모던함을 자랑한다. 5성급 호텔다운 깔끔한 시설은 물론 스파, 레스토랑 등 편의시설도 잘 갖춰졌다. 마카오 반도에 위치한 만큼 유네스코 세계 문화유산이나 마카오 타워 등을 둘러보기 좋은 호텔이다.

📍 펠리시다데 거리 도보 약 5분
☎ +853 8861 0016
MOP 2인 기준 1박 : 비수기 약 11만원~ / 성수기 약 17만원~
@ www.sofitelmacau.com

스튜디오 시티 Studio City

웅장한 외관, 금으로 치장된 로비, 온갖 첨단 시설로 가득한 내부 시설을 보면 숙박료도 상당할 것 같지만 생각 외로 객실 이용 금액이 저렴한 호텔이다. 배트맨의 고담 시티를 컨셉트로 한 호텔이지만 객실만큼은 차분하고 깔끔하다. 배트맨의 활약을 오감으로 체험하는 배트맨 다크 플라이트, 워너브라더스사의 캐릭터로 채워진 어린이 놀이터 WB펀존 호텔 외벽에 붙은 초대형 대관람차 골든 릴 등 테마 파크에 들어온 듯 놀 거리가 가득하다.

📍 베네시안 마카오 호텔 도보 약 10분
☎ +853 8865 8888
MOP 2인 기준 1박 : 비수기 약 14만원~ / 성수기 약 22만원~
@ www.studiocity-macau.com/

HOTEL BUFFET BREAKFAST

빼놓을 수 없는 여행의 재미, 호텔 조식 뷔페

호텔 선정 기준으로 조식을 제일 앞자리에 놓는 사람도 있을 만큼 호텔 뷔페 조식은 단순한 식사 이상의 의미를 지닌다. 화려한 식단 앞에서 어떤 걸 먼저 먹어야 할지 행복한 고민에 빠지는 것도 즐겁고 더불어 특급 호텔이기 때문에 조금 더 대접을 받는 듯한 우쭐함도 만끽할 수 있다. 빼 놓을 수 없는 여행의 재미, 조식 뷔페가 맛있는 호텔 레스토랑을 소개한다.

그랜드 하얏트 마카오 : 메자 9
Grand Hyatt Macau : Mezza 9

특급 호텔 그랜드 하얏트라는 이름에 걸맞게 조식당도 웅장한 규모를 자랑한다. 3층에 위치한 레스토랑 메자 9을 이용하는데, 해산물 전문점이지만 딤섬이나 국수 등 기본적인 중화요리뿐 아니라 각종 베이커리와 샐러드 등도 잘 갖춰져 있다. 옥수수, 고구마, 밤 등 유기농 야채를 그대로 쪄서 내놓는 등 건강식에도 공을 들였으며, 무엇보다 에그타르트나 세라두라 같은 마카오 스타일 디저트가 많아 만족도가 높다.

📍 그랜드 하얏트 마카오 3층
🕐 07:30-11:30
☎ +853 8868 1920
MOP 성인 MOP 269, 어린이 MOP 135
@ www.cityofdreamsmacau.com/en/dine/
international/mezza9-macau

파리지앵 마카오 : 르 뷔페
The Parisian Macao : Le Buffet

파리지앵 마카오의 조식은 뷔페 전문 식당에 차려지는 만큼 조금 더 깊이 있는 요리를 제공한다. 빵, 샐러드, 베이컨, 달걀 오믈렛 등의 기본 조식 메뉴와 더불어 즉석에서 썰어주는 통 구이 바비큐처럼 디너에 어울릴법한 든든한 메뉴도 맛볼 수 있다. 오후 1시부터 3시까지는 같은 장소에서 다른 메뉴로 런치 뷔페가 차려지는데 호텔 예약 시 조식&중식 포함 상품으로 예약을 하면 조식과 런치 중 선택해서 이용할 수 있다. 늦게 일어나서 밥때를 놓쳤다 해도 런치를 이용하면 되니 걱정이 없다.

📍 파리지앵 마카오 1층
🕐 06:30-10:30
☎ +853 8111 9250
MOP 월~금요일 성인 MOP 218, 어린이 MOP 109, 토~일요일 성인 MOP228, 어린이 MOP 114
@ www.parisianmacao.com/macau-restaurants/le-buffet.html

스튜디오 시티 : 스포트라이트
Studio City : Spotlight

스튜디오 시티 자체가 워낙 기발한 아이디어와 첨단의 장비로 인정받는 호텔인 만큼 조식당 조차 여느 뷔페식당과 달리 영화관을 콘셉트로 한 독특한 인테리어가 시선을 끈다. 파리지앵 마카오의 르 뷔페처럼 뷔페를 전문으로 식당이기 때문에 다른 호텔보다 탄탄한 메뉴 구성이 돋보이는데 국수, 죽, 볶음밥, 딤섬 등 중화요리의 구성이 특히 좋다. 연유 빵처럼 마카오에서만 맛볼 수 있는 메뉴도 잘 갖춰져 로컬 음식을 좋아한다면 만족할만한 곳이다.

📍 스튜디오 시티 2층
🕐 06030-10:30
☎ +853 8865 6688
MOP 성인 MOP 228, 어린이 MOP 114
@ www.studiocity-macau.com/en/dining/spotlight

WINE & BEER

미식의 완성, 술맛 나는 마카오

온갖 고급 재료로 만든 산해진미가 앞에 있다 한들 이에 걸맞는 술이 없다면 미식은 완성되지 못한다. 음식의 맛을 살리고 여행의 흥을 돋우는 달콤 쌉싸래한 술의 유혹! 저녁 식사 메뉴를 선택했다면 이제 오늘의 메뉴와 환상의 궁합을 자랑하는 술을 골라보자.

와인 선택 시 유용한 포르투갈 용어

비뉴 Vinho : 와인　　　　**베르데** Verde : 어린 와인　　　　**틴토** Tinto : 레드 와인　　　　**브랑카** Branca : 화이트 와인

로사도 Rosado : 로제 와인　　　**아데가** Adega : 와인 양조장　　　**마두로** Maduro : 오래된, 숙성된　　**가라파** Garrafa : 와인 병

콜헤이타 Colheita : 포도 수확연도　　　　　　　　　　　　　　　　　**퀸타** Quinta / **비냐** Vinha : 개인 / 회사 소유의 포도원

리제르바 Reserve : 동급와인보다 0.5% 알코올 도수가 더 높은 와인　　**가라페이라** Garafeira : 병입하여 일정기간 숙성을 거친 와인

마카오에서 맛보는 정통 포르투갈 와인

우리에겐 포트 와인 정도만 알려져 있지만 포르투갈은 12세기경부터 영국으로 와인을 수출해온 전통의 와인 강국이다. 스페인, 이탈리아와 마찬가지로 오크통에서 포도를 숙성시키고 화이트 와인보다는 레드 와인에 주력하기 때문에 맛이나 스타일도 이들 나라와 비슷하다. 400년 넘게 포르투갈의 식민지였으니 마카오에 포르투갈 와인이 그대로 전해진 것은 어쩌면 당연한 일. 매캐니즈 레스토랑 어디서든 포르투갈의 와이너리에서 직접 공수해온 품질 좋은 와인을 맛볼 수 있다.

비뉴 베르데
Vinhoo Verde

덜 익은 포도를 숙성시켜 만든 와인으로 특유의 새콤한 맛 덕에 식전주로 애용된다. 전 세계에서 포르투갈에서만 유일하게 생산된다.

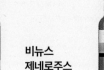

비뉴스 제네로주스
Vinhos Generosos

포트 와인을 생산하는 도우루 지역에서 난다. 참나무로 만든 통 안에서 숙성하며 알코올 도수가 19~22%로 센 편이다.

포트 와인
Port Wine

숙성 중인 와인에 브랜디를 추가해 발효를 중단시킨 것으로 포도의 맛이 비교적 그대로 남아 단맛이 강하다.

마데이라
Madeira

45도 이상의 고온에서 강한 햇볕 아래 3년에서 길게는 20년까지 숙성시킨 와인이다. 알코올 함유량이 18~20%로 독한 맛을 낸다.

마테우스 로제
Mateus Rose

로제 와인답게 풍부한 과일 향과 더불어 살짝 시큼한 약산성의 발포성 와인이다. 육류와 생선, 샐러드, 파스타 등 어떤 요리와도 잘 어울린다.

하루의 피로를 달래주는 맥주 한 모금

와인보다 캐주얼해서 꼭 식사 시간이 아니어도 언제든 가볍게 즐기기 좋은 맥주는 여행지에서 유난히 더 간절한 술이다. 맥주 산업이 더딘 마카오에서 로컬 맥주를 기대하긴 사실상 힘들지만 포르투갈 맥주가 로컬 맥주 취급을 받기 때문에 우리에게 익숙한 유명 브랜드가 아닌 독특한 맛의 마카오 맥주를 접할 수 있다.

마카오 비어 Macau Beer

1996년 미국의 사업가가 마카오에 양조장을 세워 생산한 것으로 마카오 유일의 로컬 맥주다. 현재는 일본의 기린Kirin이 인수해 중국 주해의 공장에서 만들고 있다. 우리에게 친숙한 라거 스타일이 아닌 에일 맥주로 탄산이 많지 않고 가벼운 과일 향이 난다.

사그레스 & 슈퍼복 Sagres & Super Bock

포르투갈의 국민 맥주로 통하는 슈퍼복과 포르투갈의 땅끝 마을에서 이름을 따온 사그레스는 우리나라의 카스와 하이트처럼 마카오 시민들이 가장 즐겨 찾는 맥주 브랜드다. 맛 또한 우리나라의 맥주처럼 청량감이 뛰어나 매캐니즈는 물론 어떤 요리와도 잘 어울린다.

HOTEL BAR

술과 분위기에 매료되는 호텔 바

하루 일정을 마친 후 그냥 호텔로 들어가긴 아쉬운 여행의 밤, 그렇다고 사람 많은 로컬 술집이나 시끄러운 클럽에 가기가 부담스럽다면
분위기 좋은 호텔 바를 골라보자. 가벼운 술 한잔으로 하루의 피로를 말끔히 씻어내는 것뿐 아니라 독특한 맛의 세계도 접할 수 있다.

더 리츠 칼튼 바 앤 라운지

麗思酒廊 The Ritz Carlton Bar & Lounge

리츠 칼튼 호텔 51층에 있어 창가에 앉으면 코타이 스트립과 갤럭시 마카오의 화려한 불빛이 발아래로 펼쳐진다.
애프터눈 티 세트가 맛있기로도 유명해 낮에 오면 품격의 티타임을 가질 수도 있다. 반바지에 샌들 차림만 아니라
면 캐주얼 복장으로도 입장할 수 있으며 저녁 6시 이후로는 18세 이하 어린이 출입이 제한된다.

🏠 51F, The Ritz Carlton Macau, Cotai

🕐 일~목요일 12:00-다음 날 01:00, 금~토요일 12:00-다음 날 02:00, 애프터눈 티 14:30-17:30

☎ +853 8886 6712

MOP 칵테일 MOP 118~, 애프터눈티 세트 2인 기준 MOP 488~

@ www.galaxymacau.com/en/dining/restaurants/ritz-bar-lounge

세인트 레지스 바 瑞吉酒吧 The St. Regis Bar

전 세계 어디든 세인트 레지스 바에 들렀다면 블러디 메리Bloody Marry를 맛봐야 한다. 세인트 레지스 바만의 전매특허 칵테일로 토마토 주스 베이스에 보드카와 타바스코를 넣어 살짝 매콤한 느낌이다. 각 도시마다 조금씩 맛이 다른데 마카오의 세인트 레지스 바에서는 마카오, 뉴욕, 오사카 등 5개 도시의 블러디 메리를 맛볼 수 있다. 특별한 차와 함께 나오는 애프터눈 티 세트 인바이팅 트레디션Inviting Tradition 등 시간대별, 시즌별 다양한 메뉴를 선보인다.

🏠 1F, St. Regis Macao, Cotai
🕐 12:00-다음 날 01:00, 애프터눈 티 14:00-17:30
☎ +853 2882 8898
MOP 블러디 메리 MOP 108~, 애프터눈 티 세트 2인 기준 MOP 358~
@ www.sandscotaicentral.com/restaurants/lounge/the-st-regis-bar.html

38 라운지 38 酒廊 38 Lounge

알티라 호텔 38층에 자리한 루프톱 바로 전망만 놓고 본다면 마카오에서 가장 추천할 만하다. 마카오 반도는 물론 반짝이는 코타이 스트립까지 한눈에 들어와 전망대를 따로 찾을 필요가 없을 정도다. 실내에서는 매일 밤 감미로운 라이브 재즈 공연이 열리며, 생일이나 기념일을 맞이한 고객에게는 직원들이 특별한 이벤트도 마련해주는 등 서비스 면에서도 만족도가 높은 곳이다.

🏠 38F, Altira Macau, Macau
🕐 18:00-다음 날 03:00, 재즈 공연 22:00-02:00 (화요일 제외)
☎ +853 2886 8868
MOP 와인 MOP 90~, 칵테일 MOP 100~
@ www.altiramacau.com/en/dining/38-Lounge

팜스 카페 앤 바 喜柏 Palms Café & Bar

쉐라톤 그랜드 마카오 호텔 로비에 자리한 캐주얼 바로 사방이 오픈된 구조인 데다 열대식물로 둘러싸여 있어 시원하고 활기찬 느낌이다. 시그니처 메뉴는 TWG와의 협업으로 탄생한 애프터눈 티 세트. 케이크, 샌드위치 등 한 입 크기의 과자들이 TWG의 모멘츠 티Moments Tea와 함께 나오는데, 오직 팜스에서만 맛 볼 수 있는 티 종류라는 점에서 조금 더 특별하게 느껴진다. 저녁에는 간단한 안주와 함께 맥주, 칵테일 등을 마시며 여유를 부리기 좋다.

🏠 1F, Sheraton Grand Macao Hotel, Cotai
🕐 일~목요일 08:00-24:00, 금~토요일 08:00-다음날01:00, 애프터눈 티 14:00-17:00
☎ +853 8113 1200
MOP 애프터눈 티 세트 2인 기준 MOP 298~, 맥주 MOP 52~
@ www.palmsmacao.com

TRAVEL INFO
MACAU

마카오
기본 정보

마카오 특별행정국기

오성홍기에서 따온 다섯 개의 별과 마카오의 시화 연꽃이 그려져 있다.
1999년 중국 반환 이후 공식 행사에서 오성홍기와 함께 사용되고 있다.

비자

최대 90일까지 무이자 체류가 가능하지만 여권의 만
료일이 6개월 이상 남아있어야 한다.

시차

우리나라보다 1시간 느리다. 우리나라가 오후 3시라
면 마카오는 오후 2시다.

전압

우리나라와 같은 220V 지만 3핀 콘센트를 사용하기
때문에 멀티 플러그를 준비해야 한다.

신용카드

호텔, 백화점 등이 아니라면 신용 카드 사용이 쉽지 않
다. 결제 액이 MOP100 이상일 때만 카드 사용이 가
능한 경우가 많다.

언어

표준 중국어인 북경어와 포르투갈어가 공식 언어지만
가장 널리 쓰이는 언어는 광동어다. 문자는 중국식 간
자체가 아닌 우리나라와 같은 번자체를 사용한다.

물가

맥도날드의 빅맥버거 세트가 MOP66(약 1만원), 스타
벅스의 아메리카노 톨사이즈가 MOP38(약 5,800원)
으로 서울보다 살짝 비싼 편이다.

화폐/환전

공식 화폐는 파타카이며 줄여서 MOP라 한다(1 MOP = 약 ₩150)

- 한국에서는 환전이 불가하기 때문에 홍콩 달러로 환전한 후 그대로 마카오에서 사용하면 된다. 홍콩달러와 마
  카오 파타카는 1:1 가치로 통용된다. 여행 후 남은 돈이 파타카라면 반드시 마카오에서 홍콩달러로 환전을 해
  서 돌아와야 한다. 참고로 홍콩에서는 파타카 사용이 불가한 경우가 많다.
- 파타카는 중국은행과 대서양은행 두 곳에서 발행된다. 같은 단위의 화폐라 해도 발행하는 은행에 따라 디자인
  이 다르니 사용 시 반드시 금액을 확인해야 한다.

치안

마카오는 우리나라 못지않게 치안이 좋은 도시로서 밤이면 200m마다 경찰관이 서 있어 안전하다. 하지만 어느 나라나 그렇듯 어두운 골목을 혼자 다니는 것은 삼가야 한다.

팁 문화

팁이 필수는 아니지만 호텔에서 직원에게 도움을 받았다면 MOP20가량 감사의 뜻으로 전하면 된다. 중급 이상의 레스토랑에서는 10% 가량의 서비스 차지가 음식 값에 포함되어 나온다.

전화/인터넷

마카오의 국가번호는 +853이다. 대부분의 호텔이 Wi-Fi를 무료로 제공하며 외부에서도 Wi-Fi Go라고 적힌 표지판이나 스티커가 붙은 곳은 와이파이를 무료로 이용할 수 있다. 마카오 전역에 90여 곳의 와이파이 존이 있다.

심카드: 공항이나 시내 편의점 등에서 쉽게 구매 가능하며, 홍콩과 마카오를 같이 다닌다면 홍콩/마카오 혼용 심카드를 사용하는 편이 더 편리하다.

포켓 Wi-Fi : 포켓 Wi-Fi는 해외 로밍 서비스보다 값이 싸고 기기 한 대로 여럿이 사용 수 있어 인원이 많다면 그만큼 절약이 된다. 온라인 예약 사이트에서 미리 예약을 하고 출국 당일 공항에서 수령하면 된다. 반납 역시 귀국 시 공항 내 부스를 이용한다.

와이파이 도시락 : www.wifidosirak.com

위급 상황 시 전화

마카오에는 대한민국 영사관이 없기 때문에 여권 분실 시 절차가 매우 까다롭다. 따라서 각별히 주의해야 하는데 만약 여권을 잃어버렸다면 경찰서로 가 분실 신고서를 작성한 후 이민국을 거쳐 홍콩까지 갈 수 있는 통행증을 발급받아야 한다. 그리고 홍콩 총영사관에 전화를 걸어 홍콩 도착 날짜와 시간을 사전 고지한다. 정해진 날짜에 홍콩의 총영사관으로 가면 여권을 대체 할 임시 서류를 받을 수 있다.

홍콩 총 영사관

- 🕐 평일 09:00-17:30 주말 및 공휴일 휴무 / 민원업무 09:00-12:00, 13:30-16:30
- ☎ +852 2529 4141 평일 업무 시간 / +852 9731 0092 사건 사고 등 긴급 상황 발생 (24시간)
- 📍 MTR 애드미럴티(Admiralty)역 B출구 맞은편 금색 건물 5층
- @ overseas.mofa.go.kr/hk-ko/index.do

날씨

바다로 둘러싸인 도시답게 여름은 매우 습하며 특히 5월에서 9월 사이는 비가 많이 내린다. 1년 내내 여름이라고 보면 되지만 실내 시설에는 에어컨을 풀가동하고 11월부터 3월까지는 일교차가 크기 때문에 얇은 긴 소매 옷을 준비해야 한다. 여행하기 가장 좋은 때는 10월~2월 이다.

최고온도, 최저온도(℃)

월	1월	2월	3월	4월	5월	6월	7월	8월	9월	10월	11월	12월
최고기온	29.1	30.2	31.5	35.3	37.5	36.9	38.9	38.5	38.1	36	34.2	30
최저기온	12.5	13.6	16.2	20.2	23.6	25.6	26.2	26.1	25.1	22.6	18.3	14

연평균 강수량(mm)

월	1월	2월	3월	4월	5월	6월	7월	8월	9월	10월	11월	12월
강수량	26.5	59.9	89.3	195	311	364	297	343	220	79	43.7	30.2

마카오
입국

많은 여행객이 홍콩과 마카오를 함께 보기 때문에 마카오 입국은 우리나라에서 출발하는 항공 이용 편뿐 아니라 홍콩에서 출발하는 방법도 잘 익혀둬야 한다. 홍콩에서 마카오까지 이동은 페리 이용, 또는 최근 개통한 강주아오대교를 통한 버스 이용으로 가능하다.

인천공항/김해공항 출발 항공 이용

대한항공과 아시아나항공이 취항하진 않지만 마카오의 국적기인 에어마카오와 제주항공, 진에어, 티웨이항공, 에어부산 등 하루 평균 8~9대가량의 비행기가 우리나라에서 출발해 마카오로 향한다. 귀국 스케줄이 자정에서 새벽 2시 사이가 많기 때문에 마카오 여행의 마지막 숙박은 대부분 기내에서의 숙박이다.

마카오 국제공항 이용

마카오로 향하는 기내에서 입국 카드를 작성할 필요가 없으며 입국 수속 시에도 한국인이라면 별다른 질문 없이 그대로 통과되는 경우가 많다. 입국이 허가되면 심사관이 입국 승인서를 여권에 끼워주는데 이는 마카오 출국 시 반납해야 하니 여권 사이에 그대로 끼워놓고 잃어버리지 않도록 주의해야 한다.

마카오 국제공항에서 시내 이동

마카오 국제공항에서 시내 호텔까지의 이동은 호텔 셔틀버스 이용이 가장 일반적이다. 금액도 무료일 뿐 아니라 해당 호텔의 투숙객이 아니어도 누구나 이용 가능해 편리하다. 만약 택시를 이용한다 해도 대부분의 호텔까지 약 15분 정도면 이동 가능해 부담이 적다.

홍콩에서 마카오로

얼마 전까지만 해도 홍콩에서 마카오로 이동하는 유일한 방법은 고속 페리를 이용하는 것이었다. 그러나 2018년 10월 홍콩에서 출발해 마카오를 지나 본토의 주해까지 연결되는 강주아오대교가 개통되면서 이제는 버스 이용도 가능해졌다.

페리 이용 (홍콩 시내 → 마카오 시내)

홍콩 시내 침사추이의 차이나 페리 터미널China Ferry Terminal, 또는 성완의 홍콩 마카오 페리 터미널Hong Kong Macau Ferry Terminal에서 고속 페리인 터보젯Turbo Jet이나 코타이 워터 젯Cotai Water Jet을 이용해 마카오 반도의 마카오 외항 페리 터미널Macau Outer Ferry Terminal, 또는 타이파의 타이파 페리 터미널Taipa Ferry Terminal에 내리면 된다. 어떤 항로를 이용하는 약 1시간 가량 소요되며 코타이 워터 젯은 타이파 페리 터미널로만 들어간다는 점 참고하자.

페리 이용 유의 사항

1 │ 홍콩-마카오 간 페리는 당일 매진 등을 고려해 온라인 사전 구매를 추천한다. 각각의 페리 공식 홈페이지 또는 국내 여행 예약 플랫폼을 이용하면 된다.
    터보젯 예약 : www.turbojet.com.hk
    코타이 워터 젯 예약 : www.cotaiwaterjet.com
2 │ 홍콩과 마카오는 같은 중국이긴 하나 국경을 통화해야 하는 일이니만큼 반드시 여권을 소지해야 한다.
3 │ 페리 출발 최소 1시간 전에는 터미널에 도착해서 수속을 받아야 한다.
4 │ 평소 멀미가 심하다면 멀미약 복용 후 탑승을 추천한다.

터보젯 운항 스케줄 및 운임

침사추이 → 마카오반도			마카오반도 → 침사추이			성완 → 마카오반도			마카오반도 → 성완		
07:30	09:00	10:30	09:05	11:05	12:35	07:00~23:59 (매 15분 간격) 정기 운항편 이후 시간 스케줄					
14:00	15:30	17:00	15:35	17:05	18:35	00:30	01:00	01:30	00:15	00:30	01:00
18:30	20:00	21:30	19:35	21:35		02:30	04:15	06:00	01:30	02:30	04:00

침사추이 -> 타이파			타이파 → 침사추이		성완 → 타이파			타이파 → 성완
08:30	09:30	12:30	14:35	16:35	08:50	14:50	17:50	10:10

운임(HK$)

구간	침사추이/성완 → 마카오반도/타이파		마카오반도/타이파 → 침사추이/성완	
요금구분	이코노미	수퍼	이코노미	슈퍼
주간(월~금)	171	346	160	335
주간(토, 일, 공휴일)	186	371	175	360
야간(월~일)	211	391	200	380

야간 운행 시간

10월08일~01월31일	17:10~06:30
02월01일~03월31일, 09월01일~10월07일	17:40~06:30
04월01일~08월31일	18:10~06:30

코타이 워터 젯 운항 스케줄 및 운임

침사추이 → 타이파		성완 → 타이파						타이파 → 성완					
08:15	09:15	07:00	07:30	08:00	08:30	09:00	09:30	07:00	08:00	08:30	09:00	09:30	10:00
10:15	11:15	10:00	10:30	11:00	11:30	12:00	12:30	10:30	11:00	11:30	12:00	12:30	13:00
12:15	13:15	13:00	13:30	14:00	14:30	15:00	15:30	13:30	14:00	14:30	15:00	15:30	16:00

타이파 → 침사추이		성완 → 타이파						타이파 → 성완					
10:45	16:45	16:00	16:30	17:00	17:30	18:00	18:30	16:30	17:00	17:30	18:00	18:30	19:00
17:45	18:45	19:00	19:30	20:00	20:30	21:00	21:30	19:30	20:00	20:30	21:00	21:30	22:00
		22:00	22:30	23:00				22:30	23:30	00:30			

운임(HK$)

구간	침사추이/성완 → 타이파		타이파 → 침사추이/성완	
요금구분	코타이 클래스	코타이 퍼스트	코타이 클래스	코타이 퍼스트
주간(월~금)	171	293	160	282
주간(토, 일, 공휴일)	186	310	175	299
야간(월~일)	211	338	200	327

야간 운행 시간

10월01일~01월31일	17:10~
02월01일~03월31일, 09월01일~09월30일	17:40~
04월01일~08월31일	18:00~

육로 이용

총 길이 55km로 세계 최장 길이의 해상 대교인 강주아오대교를 이용하면 홍콩에서 마카오까지 육로 이동이 가능하다. 단, 개인 차량 이용은 불가하고 허가를 받은 버스만 이용 가능하다. 현재 강주아오대교를 통과할 수 있는 버스는 HZM버스, 홍-마 익스프레스, 원 버스까지 세 종류다. 원 버스는 홍콩 국경과 마카오 국경을 오가는 버스이며 HZM 버스와 홍-마 익스프레스는 홍콩 시내에서 마카오 시내를 오간다. 단, 시내에서 출발한다 해도 국경에 도착하면 짐을 모두 내려 출국 심사와 입국 심사를 통과한 후 다시 버스에 탑승하는 방식이다.

버스 종류	HZM 버스 HZM Bus 金巴	홍-마 익스프레스 HK-MO Express 港澳快線	원 버스 One Bus 港澳一號
홍콩 출발	홍콩 국제공항 인근 홍콩 국경	홍콩 MTR 프린스 에드워드역 또는 엘리먼츠 쇼핑몰 앞	홍콩 MTR 조단역 인근 원 버스 탑승소 : C505 Canton Rd
마카오 출발	마카오 국경	마카오 호텔 7곳 (베네시안/갤럭시/스타월드/그랜드리스보아/ MGM코타이/샌즈마카오/MGM마카오)	마카오 호텔 3곳 (샌즈마카오/베네시안/파리지앵)
운행시간	24시간 주간(06:00-23:59, 5-15분 간격) 야간(00:00-05:59, 15-30분 간격)	홍콩→마카오 07:25-21:30 (15-30분 간격) 마카오→홍콩 07:45-22:15 (15-30분 간격)	홍콩→마카오 09:00-18:00 (약 1시간 간격) 마카오→홍콩 12:00-21:00 (약 1시간 간격)
요금	HK$65 (월~일요일, 주간) / HK$70 (월~일요일, 야간)	HK$160 (월~일요일) / HK$180 (공휴일)	성인 : HK$160 (월~금요일, 18시 이후 HK$180), HK$180 (토, 일, 공휴일) 0~3세 어린이 : HK$60 (월~금요일, 18시 이후 HK$80), HK$80 (토, 일, 공휴일)
이동 시간	약 45분	약 1시간 10분	약 1시간 45분
이동 시간	**홍콩→마카오** 1 │ 홍콩국제공항 Car Park 1 방면 버스 정류장 도착 2 │ B4버스(HK$6) 탑승 후 홍콩 국경 2층 출발장 도착 3 │ 홍콩 출국심사 통과 (홍콩 입국 시 비행기에서 작성했던 입국신고서 지참) 4 │ HZM버스 자동 발권기에서 승차권 구입 5 │ 버스 승강장에서 HZM버스 승차 **마카오→홍콩** 1 │ 마카오 국경에서 수화물 검사 2 │ HZM버스 카운터에서 승차권 구입 3 │ 마카오 출국심사 통과 4 │ 홍콩 행 HZM 버스 승강장에서 승차	**홍콩→마카오** 1 │ 홍콩 시내 두 곳에서 홍-마 익스프레스 탑승 2 │ 홍콩 국경 도착 후 버스에서 내려 출국 심사 통과(수하물 반드시 소지) 3 │ 출국 심사 완료 후 20분 내로 타고 온 버스 다시 승차 **마카오→홍콩** 1 │ 마카오 호텔 7곳에서 홍-마 익스프레스 탑승(티켓 구입은 갤럭시 마카오와 스타월드에서만 가능) 2 │ 마카오 국경 도착 후 버스에서 내려 출국 심사 통과(수하물 반드시 소지) 3 │ 출국 심사 완료 후 20분 내로 타고 온 버스 다시 승차	**홍콩→마카오** 1 │ 홍콩 시내 조던역 C505 Canton Rd에서 원 버스 탑승 2 │ 홍콩 국경 도착 후 버스에서 내려 출국 심사 통과(수하물 반드시 소지) 3 │ 출국 심사 완료 후 20분 내로 타고 온 버스 다시 승차 **마카오→홍콩** 1 │ 마카오 호텔 3곳에서 티켓 구입 후 원 버스 탑승 2 │ 마카오 국경 도착 후 버스에서 내려 출국 심사 통과(수하물 반드시 소지) 3 │ 출국 심사 완료 후 20분 내로 타고 온 버스 다시 승차
비고	마카오 시내 - 마카오 국경 구간 이동은 택시 및 시내버스 101X, 102X (MOP6)를 이용하면 된다.	국경 도착 후 하차 후 반드시 수하물을 모두 들고 국경 수하물 검사를 완료 한 후 다시 버스에 실어야 한다.	

마카오 시내 교통

마카오는 작은 도시인 데다 출퇴근 시간이 아니라면 특별히 막히는 구간도 별로 없다. 그래서 이동에 시간을 많이 뺏길 일이 거의 없다. 도보 여행이 가능한 곳이 많고 차를 타야 한다 해도 무료 호텔 셔틀버스를 이용하면 되기 때문에 적어도 이동면에서 불편함을 느낄 일은 거의 발생하지 않는다.

호텔 셔틀버스

마카오에서 가장 탈 일이 많은 교통수단은 호텔 셔틀버스다. 무료이고 누구나 몇 번이고 탑승 가능해 편리하다. 다만 골목 골목을 누빌 수는 없고 크게 코타이 스트립에서 마카오 반도 사이를 오갈 때 이용하면 된다. 여러 호텔 버스 중 시티 오브 드림즈와 스튜디오 시티셔틀버스가 각각의 호텔에서 마카오 반도의 중심가인 그랜드 엠페러 호텔까지 오가기 때문에 이 두 호텔의 버스 노선도만큼은 확인해 두는 편이 좋다. 그랜드 엠페러 호텔에서 세나도 광장까지는 도보로 약 8분 거리라는 점도 참고하자.

시티 오브 드림즈 City of Dreams

시티 오브 드림즈 → 마카오 페리터미널 09:23~00:45 (10~30분 간격)	마카오 페리터미널 → 시티 오브 드림즈 08:55~00:00 (10~30분 간격)	시티 오브 드림즈 → 타이파 페리터미널 09:25~00:08 (10~25분 간격)	타이파 페리터미널 → 시티 오브 드림즈 08:45~00:25 (10~25분 간격)
시티 오브 드림즈 → 국경 09:05~00:30 (8~18분 간격)	국경 → 시티 오브 드림즈 09:00~24:00 (8~18분 간격)	시티 오브 드림즈 → 마카오 국제공항 10:15~21:50 (10~25분 간격)	마카오 국제공항 → 시티 오브 드림즈 10:00~21:30 (10~25분 간격)
시티 오브 드림즈 → 마카오반도 그랜드 엠페러 호텔 10:30~23:00 (10~25분 간격)	마카오반도 그랜드 엠페러 호텔 → 시티 오브 드림즈 11:00~23:00 (10~25분 간격)	시티 오브 드림즈 ↔ MGM코타이 ↔ 윈 팰리즈 ↔ 갤럭시 ↔ 베네시안 마카오 ↔ 스튜디오 시티 ↔ 샌즈 코타이 센트럴 11:30~21:30 (15~20분 간격)	

스튜디오 시티 Studio City

스튜디오 시티 → 마카오 페리터미널 09:15~00:40 (10~30분 간격)	마카오 페리터미널 → 스튜디오 시티 08:55~24:00 (10~30분 간격)	스튜디오 시티 → 타이파 페리터미널 09:17~24:00 (10~25분 간격)	타이파 페리터미널 → 스튜디오 시티 08:45~00:25 (10~25분 간격)
스튜디오 시티 → 국경 09:15~00:30 (5~15분 간격)	국경 → 스튜디오 시티 09:00~24:00 (5~15분 간격)	스튜디오 시티 → 마카오반도 그랜드 엠페러 호텔 10:30~23:00 (10~20분 간격)	마카오반도 그랜드 엠페러 호텔 → 스튜디오 시티 11:00~23:00 (10~20분 간격)
스튜디오 시티 ↔ 마카오 국제공항 10:00~21:35 (10~25분 간격)	스튜디오 시티 ↔ 마카오 타워 13:00~20:00 (30~44분 간격)	스튜디오 시티 ↔ 샌즈 코타이 센트럴 ↔ 시티 오브 드림즈 ↔ MG코타이 ↔ 윈 팰리즈 ↔ 갤럭시 ↔ 베네시안 마카오 11:30~21:30 (15~20분 간격)	

시내 버스

마카오의 버스 노선 중 여행자에게 유용한 것은 대략 5개 안팎이다. 시내에서 콜로안을 오갈 때가 아니라면 특별히 버스 이용할 일이 많지 않고 구글맵 활용 시 가장 편리한 노선을 바로바로 확인할 수 있어 버스 탑승에 어려움을 겪을 일은 거의 없다. 다만 현금 지불 시 지불 금액의 차액을 돌려주지 않아 잔돈을 미리 준비해야 한다. 마카오는 일방 통행이 대부분이라 온 길을 다시 돌아가는 버스는 거의 없다. 따라서 내려야 할 곳을 지나쳤다고 해서 반대 방향에서 같은 버스에 탑승 할 수는 없다는 점 기억해야 한다.

버스 금액 : 지역이나 거리에 관계없이 MOP6
운행 시간 : 06:00~다음날01:00 (노선에 따라 차이가 난다)

택시

택시 기본요금은 1.6km까지 MOP19이며 240m 이동 시마다 MOP2씩 올라간다. 단 마카오 반도와 코타이 스트립을 오갈 때는 MOP5, 타이파와 콜로안을 오갈 때는 MOP2의 추가 요금이 발생하며 마카오 국제공항까지는 미터기 요금에서 MOP2의 추가 요금이 발생한다. 더불어 트렁크에 짐을 실을 때도 개당 MOP3의 추가요금이 발생한다. 더불어 대부분의 택시 기사들은 영어를 하지 못하기 때문에 목적지를 한자로 적어 보여주는 편이 편리하다.

마카오, 누리기만 하세요.

전용 차량과 단독 가이드, 최적의 호텔 선별까지
번거로운 여행 준비는 샬레에 맡기고
엔터테인먼트의 천국 마카오, 누리기만 하세요.

MACAU TRAVEL

샬레트래블 맞춤 마카오 여행

www.chalettravel.kr / 02.323.1430

Chalet
TRAVEL & LIFE

샬레트래블 무크

MACAU
마카오

초판 발행 2019년 10월 21일

글 | 샬레트래블앤라이프 출판부
펴낸곳 | ㈜샬레트래블앤라이프
펴낸이 | 강승희 강승일
출판등록 | 제 313-2009-66
주소 | 서울시 마포구 서교동 어울마당로 5길 26, 1~5F
전화 | 02-323-1280
판매문의 | 02-336-8851 shop@chalettravel.kr
내용문의 | travelbook@chalettravel.kr
디자인 | 최윤선
지도 일러스트 | 김선애

ISBN 979-11-88652-18-1 (13910)

값 10,000원

CHALET Travel Book은 ㈜샬레트래블앤라이프의 출판브랜드입니다.

www.chalettravel.kr